호랑이 그리고 다른 시들

께다르나트 싱 시선집

이 책은 2017년 정부(교육부)의 재원으로
한국연구재단의 지원을 받아 수행된 연구임(NRF-2017S1A6A3A02079749).
This work was supported by the National Research Foundation of Korea Grant funded by the Korean Government(NRF-2017S1A6A3A02079749).

호랑이 그리고 다른 시들

께다르나트 싱 시선집

HU:iNE

머리말

역자가 네루대학교 대학원에 들어가기 직전에 국립 힌디어 연구소 교수이셨던 상유끄따 꼬우샬(Sanyukta Kaushal, 1945-2007) 선생님의 소개로 당시 네루대학교 교수로 막 부임해 오신 께다르나트 싱 선생님을 만나게 되었다. 그 후 선생님과 학생으로 사제의 연을 맺고 이어오며 선생님의 가르침을 통해 현대 인도문학을 폭넓고 깊이 있게 이해하게 되었고 인도 문인들과 교류도 할 수 있었다.

2018년 3월 19일 선생님이 돌아가셨다는 비보를 접하고 인도 최대 문학상인 갼삐트(Jñyanpith) 상을 수상하신 선생님의 시 세계에 관한 논문을 써서 우리나라에 선생님을 알리는 것이 외국인 제자로 할 수 있는 추모의 한 방법이라고 생각했다. 문예지에 선생님을 소개하는 글을 쓴 적은 있다. 그러나 논문을 쓴다는 것은 가볍게 소개하는 글을 쓰는 것과 성격을 달리 하는 지난한 작업이다. 퇴임을 1년 앞두고 마무리하여야 할 일이 많이 있어 망설이기도 했다. 젊은 제자 선생님의 격려에 힘입어 용기를 내었다. 논문을 쓰려고 선생님의 시를 모두 읽는 것은 쉬운 일이 아니었다. 게다가 역자가 생각했던 것보다 여러 면에서 훨

씬 어려웠다. 그런데 논문을 쓰려고 시를 거칠게 번역하면서 선생님의 시가 이전보다 무척 좋기도 하고 흥미롭기도 했다. 우리나라에서 선생님을 제대로 알리는 것은 선생님의 시를 우리나라 독자와 직접 만나게 해주는 것이라는 생각이 들었고 그 결과 이 번역 시선집이 나오게 되었다.

역자는 시인 7명의 시 모음집인 『세 번째 사쁘따끄』(*Tīsrā Saptaka*)에 발표된 시 23편을 비롯하여 『지금, 바로 지금』(*Abhī, Bilkula Abhī*, 1960, 34편), 『대지가 익고 있다』(*Zamīna Paka Rahī Hai*, 1980, 45편), 『여기에서 보라』(*Yahāṃ Se Dekho*, 1983, 38편), 『기근에 두루미들』(*Akāla Meṃ Sārasa*, 1988, 61편), 『대답 까비르와 다른 시들』(*Uttara Kabīra Aura Anya Kavitāeṃ*, 1995, 67편), 『호랑이』(*Bāgha*, 1996, 연작시 21편), 『톨스토이와 자전거』(*Tālsatāya Aura Sāikila*, 2005, 59편), 『삼라만상에 대한 경계』(*Sṛṣṭi Par Paharā*, 2014, 57편)에 수록된 작품을 모두 다 읽고 그 중에서 51편을 선정했다.

이 시선집은 3부로 구성되어 있다. 1부와 2부에서는 선생님의 작품 세계를 잘 드러날 수 있도록 주의를 기울였다. 그래서 시집의 제목

시나 제목이 나와 있는 시는 가능한 한 포함시켰다. 「기근에 두루미들」, 「삼라만상에 대한 경계」가 제목 시이라면, '대지가 익고 있다'라는 시구가 담긴 「대지」와 '여기에서 보라'라는 시구가 나오는 「짐승」이 시집 제목을 드러내는 시들이다. 그리고 둘째로 인도의 특성이 잘 드러난 시와 시대적인 상황에 따른 인도사회의 변화를 표현한 시들을 소개하려고 했다. 셋째로 너무 길지 않고 쉽게 이해되는 시를 포함시키려고 했다. 그러나 선생님의 시의 주요 경향이 잘 표현된 시는 좀 길어도 선정하였다.

1부에는 1947년 독립 이후 당시 인도사회의 시대적 분위기를 잘 드러낸 시, 그리고 청년 시인으로서 자연묘사와 내적 갈등을 그린 시 3편을 수록하였다. 2부에는 시인이 본격적으로 활동을 재개한 1980년대 이후의 시 27편을 선정하고 주제별로 분류하여 수록하였다. 3부에는 선생님의 대표작 중에서도 대표작이며 세계 여러 언어로 번역된 연작시 『호랑이』 21편 전체를 실었다. 『호랑이』에는 선생님의 시적 특성이 복합적이면서도 함축적으로 표현되어 있다. 시 말미에 주어진 연도는 시 발표 연도가 아니라 시가 수록된 시집의 발간 연도이다.

이 선집이 나오기까지 많은 분들의 도움이 있었다. 먼저 서문을 보내주셔 이 시선집의 격을 높여 주신 인도문예원(Sahitya Akademy)의 전 Secretary, K. Satchidanandan 교수와 선생님의 따님 Sandhya Singh 교수에게 감사의 마음을 전한다. 또한 이 시선집의 번역, 출간에 적극적으로 협조해 주신 인도연구소 인문한국플러스(HK+)사업단의 김찬완 단장과 인도대전환총서 담당 김형준 교수 그리고 김용정 연구교수, 이지현 연구교수, 조교 이승희 학생에게 감사한다. 마지막 단계에서 김용정 선생님의 헌신적인 노력이 없었다면 이 시선집의 출간은 매우 지연되었을 것이다. 늘 따뜻한 마음으로 대해주셨던 학과의 모든 선생님들에게 감사한다. 시선집을 멋지게 출간해 주신 한국외국어대학교 지식출판원의 가정준 원장님, 신선호 팀장님, 박현정선생님, 정준희 선생님께도 감사의 마음을 전한다. 시선집이 나오기까지 조언과 격려로 힘이 되어준 전혜경 교수와 이동원 박사 그리고 번역시를 함께 읽으며 의견을 개진해 준 루미, 원희, 경옥의 사랑을 잊지 못할 것이다. 늘 큰 힘과 지지가 되어주는 오빠들, 믿음의 형제들 그리고 무엇보다도 먼저 앞서 가시면서 인도하시는 하나님께 감사 드린다.

역자는 이 시선집의 해설에서 오늘날 역자가 있게 해주신 인도 선생님께 감사하는 마음을 담으려고 했다. 또한 가시면서 역자로 하여금 다시 시 세계로 돌아오게 해주신 께다르나트 싱 선생님께 지난 1년 동안 역자의 작업은 모두 선생님을 애도하는 마음이었다고 말씀 드리고 싶다.

2019년 2월 김우조

Prof. Kedarnath Singh

Phone : ~~652282 Ext 306~~ 656020

Centre of Indian Languages
Jawaharlal Nehru University
New Delhi-110067

Dated 7. 11. 90

प्रिय सुश्री उ-जो किम,

तुम्हारा पत्र मिला और उसके साथ तुम्हारे द्वारा भेजी हुई सुंदर घड़ी भी। यह पत्र जब लिख रहा हूँ तो वह मेरे सामने रखी टिक्-टिक् कर रही है और इस तरह तुम्हारी याद को हर पल मानो ताज़ा कर रही है। इस अनमोल घड़ी के लिये मेरा हार्दिक धन्यवाद स्वीकार करो। तुमने कोरियाई कविता-संग्रह भेजने की बात लिखी है। ज़रूर भेजो। मैं प्रतीक्षा करूँगा। क्या अंग्रेज़ी अनुवाद में कोई संग्रह मौजूद है? पिछले दिनों भोपाल के विश्व-कविता समारोह में कुछ कोरियाई कविताएं मैंने सुनी थीं और उनसे बहुत प्रभावित हुआ था।

हिन्दी-साहित्य में कोई नई गतिविधि इन दिनों नहीं है। मैं अपनी नयी कविताओं का संकलन तैयार करने में लगा हूँ। पर वह सन् 1991 में ही बाहर आ सकेगा। आ जाने पर उसकी प्रति तुम्हें ज़रूर भेजूँगा।

कृपया अपने घर के सभी लोगों को मेरा अभिवादन दो और आने वाले नये वर्ष के लिये शुभकामनायें भी।

पत्र दो — अच्छा लगेगा।

सस्नेह —

केदारनाथ सिंह —

प्रति -

सुश्री उ-जो किम

께다르나트 싱 교수

Centre of Indian Languages
Jawaharlal Nehru University
New Delhi-110067
1990년 11월 7일

사랑하는 김우조 양에게

자네의 편지를 받았네. 편지와 함께 자네가 보낸 아름다운 시계도. 이 편지를 쓰고 있는 지금도 내 앞에 놓여서 똑딱똑딱하고 있네. 이렇게 자네에 대한 기억을 매 순간 마치 새롭게 하고 있는 것 같네. 이 값진 시계에 대한 나의 진심 어린 감사를 전하네. 자네가 한국 시집을 보낸다고 했는데 꼭 보내게. 기다리고 있겠네. 영어 번역으로 된 시집이 있는가? 지난날 보빨(Bopal) 세계 시 대회에서 몇몇 한국 시들을 내가 들었네. 그리고 그 시들이 매우 감동적이었네.

힌디어 문학에는 어떤 새로운 움직임이 요즘 없네. 나는 내 새로운 시집을 준비하는 데에 열중하고 있네. 그런데 그 시집은 1991년 언젠가 나올 수 있을 것이네. 나오게 되면 그 시집을 자네에게 반드시 보내주겠네.

자네 집의 모든 분들에게 나의 인사를 전해주게. 다가오는 새해에 복 많이 받기를. 편지하게나. 그럼 좋겠네.

사랑과 함께
께다르나트 싱

— KEDARNATH SINGH: A SHORT PERSONAL NOTE

Kedarnath Singh was, without doubt, one of India's finest living poets. I first came to read Kedarnath Singh closely when I translated some of his celebrated poems for an anthology of contemporary Hindi poetry in Malayalam I produced with support from Srikant Verma Fellowship offered by Bharat Bhavan, Bhopal in 1990. My first meeting with him also had happened sometime around 1980 on my way from the Bhopal airport to Bharat Bhavan. We stayed together in Bhopal for two weeks when he was translating Shakti Chattopadhyay's Bengali poetry into Hindi and my poems were being translated into Hindi by the young Hindi poet Rajendra Dhodapker. Soon we were travelling together to Moscow and Riga along with a few other poets for readings and I was being introduced to his young friend, poet Anil Janamejay working in

Moscow. Here was a man, I thought, who was one with his poetry: simple, unassuming, rooted, warm, meditative without being sombre, full of memories of his village and anecdotes about the poets he knew and referring constantly to those whose poetry he loved, some of which had also impacted his work in different ways: Kalidasa, Surdas, Baudelaire, T S Eliot, W H Auden, Ted Hughes, Pablo Neruda, Evtushenko, Dylan Thomas, Wislawa Szymborska, Mirza Ghalib, Faiz Ahmed Faiz, Firaq Gorakhpuri, Jibananandadas, Muktibodh, Nirala. Ghalib always entered our conversation and many of his ways of looking at the world had a lot in common with Ghalib. Later we had several occasions to meet and exchange notes since, in 1992, I had moved to Delhi which he had made his home after joining the famous Jawaharlal University, despite his occasional trips to his kin in Banaras and Gorakhpur. His poetry too got urbanised to some extent while retaining his concerns for and memories of the people and nature he had known intimately in his village. It was more than a city-dweller's nostalgia; his soul belonged partly there and his images often came from the rural landscape and workplace. He also translated one of my longish poems written immediately after my moving to Delhi that he had liked immensely and we began to gift our books to each other, (in fact he released two of my books and wrote a preface to one in Hindi) , read and liked each other's work as we also found we had a lot in common in terms of sensibility and personal history. What fascinated me, and still does, about Kedarnath's (I called him Kedar-ji) poetry are the freshness of his images created from day-to-day objects like the spade and the needle and the loom and the bread, or from natural objects like the wood and the sun and the bird , the de-familiarizing of the familiar that retains its earthiness even while at times transported to a surreal realm, the simplicity of the idiom that never looks laboured but is clearly the result of a conscious choice and a deliberate preference for common Hindustani words over words of Sanskrit origin and the use of simple sentences or complex ones broken up into simple ones by a unique strategy of arranging lines that also makes punctuation superfluous, the tenderness and warmth that saturate most of his poems, the deep contemplativeness that never appears overtly philosophical, the subtle humour and irony that at times he turns upon himself , the products of a kind of distancing, the unconscious intertextuality produced by suggestive allusions, the sustained concern for the ordinary folk -peasants, hawkers, workers and even animals, birds and trees, the total absence of loudness, rawness and rancour, that gives a palpable tenderness to his poetry in general: his politics is to be sought not in his statements, but in his poetics. In my close reading of two of his iconic poems- 'Tuta

Hua Truk' (The Broken Truck) and 'Kudal' (The Spade) I have tried to look at the search for a balanced vision and the rural-urban connect ever kept alive in his poetry. Whenever I think of Kedarnath's poetry, I recall the words of Pablo Neruda: "I have always wanted the hands of people to be seen in my poetry…. I have always preferred a poetry where the fingerprints show: a poetry of loam where the water can sing, a poetry of bread where everyone may eat."

I edited a collection of his poems in English translation, Banaras and Other Poems - some translated by myself from the original-published by the Sahitya Akademi that carried most of Kedarnath Singh's celebrated poems: Banaras, The Broken Truck, An Argument about Horses, Recalling 1947, On the Eve of the Elections, 1967, Between Needle and Thread, excerpts from The Tiger, The Carpenter and the Bird, The Spade, Hindi, (a poem he dedicated to me as I had earlier dedicated one written in Bhopal. A poem from the sequence 'Madhyamavathy' to him), Bhojpuri, Poetry and many more. The preparation of this collection in 2014-15 gave us an excuse for many delightful meetings over cups of wine at the India International Centre where he regaled me and Harish Trivedi (who wrote a detailed introduction to the collection) with his endless, if unforgettable, anecdotes around writers, old and new, Indian and foreign, for which he had a special penchant . His eight collections endeared him to the Hindi reading public -

the Pragativadis and the Prayogvadis (the Modernists and Progressives) who quarrelled over everything joined hands when it came to appreciating his unique work as he has combined the political and aesthetic impulses of both. And the translations of many of them into Indian and foreign languages earned him admirers across the world. His collections right from Dharati (1945) to the later ones like Abhi, Bilkul Abhi, Zameen Pak Rahee Hai, Yahan Se Dekho, Akal Mein Saras , Uttar- Kabir , Bagh,Tolstoy aur Cycle and Sristi par Pehra (1916-2014) have an internal connectedness and integrity that marks him out as a rare poet of our time. He has , I am told, left enough poems for another collection, sadly his last, that his readers are eagerly looking forward to so that we at least have a transient yet exciting illusion that he is still alive and writing.

K. Satchidanandan*

---

* 께랄라어와 인도영어로 작품활동을 하는 인도 대표적인 시인. 전 인도문예원 Secretary.

— बेटी की ओर से पिता की बातें

प्रिय प्रो. किम,

सबसे पहले तो मेरे पिता की कविताओं को कोरियन लोगों तक ले जाने के लिए आपकी आभारी हूँ। मेरी जानकारी मे उनकी कविताओं का कोरियाई भाषा में प्रकाशित होने वाला यह पहला ही चयन है। यदि वे होते तो वे भी यही कहते। इसलिए उनकी बेटी की ओर से पिता के ये अनकहे शब्द स्वीकार करें।

ऐसे समय में यह संग्रह आ रहा है जबकि उनको गए लगभग एक वर्ष हो रहा है। इधर पूरी दुनिया की कई भाषाओं में उनपर और उनकी कविताओं पर बहुत कुछ लिखा गया। इन सबके बीच आपका यह चयन एक ख़ास महत्व रखता है क्योंकि मेरे बाजी (father) को दुनिया की अलग-अलग भाषाओं से संवाद करना सबसे प्रिय था। उनकी कविता और उनकी संवेदना में सहज ही पूरा विश्व शामिल है।

मेरे बाजी यह कहते थे कि कविता पाठक से सीधा संवाद करती है। भारत में कविता कहे जाने की परंपरा रही है। तकनीक तो बहुत बाद में आई है। इस तकनीक का शुक्रिया

कि आज पूरी दुनिया की कविता का भी आपस में संवाद संभव है। हिंदी कविता से कोरियाई भाषा का यह संवाद आपके द्वारा संभव हुआ। इस चयन की ख़ास बात यह है कि इसमें बाजी की शुरूआती कविताओं से लेकर अब तक की चुनी हुई कविताएँ शामिल है।

अवांतर रूप से यह चयन भारतीय कविता के लगभग सत्तर-अस्सी वर्षों की पृष्ठभूमि को समझने का अवसर हो सकता है। एक ऐसी कवि दृष्टि को समझने मे भी मदद कर सकता है जो एक ओर चिड़िया, चींटी, बाघ, ज़मीन, आँसू की मामली दुनिया को ग़ैरमामूली बना देता है तो दूसरी ओर सार्त्र की क़ब्र, बर्लिन की टूटी दीवार को अपनी कविता में शब्द देकर व्यापक संवेदना का हिस्सा बना देता है।

ये सब लोग और गाँव उनकी कविता में यूँ ही अहम चरित्र नहीं बन गए या सायास बने नहीं, बल्कि कवि ख़ुद उन तक गया। उन्हें बुलाने, मनाने और कविता की लय बनाने के लिए वे बार-बार दिल्ली से उठकर चल देते थे। कभी चकिया, कभी पडरौना तो कभी बनारस जाकर मिलते बतियाते रहे अपनी कविता के लोगों से और कभी सार्त्र की क़ब्र पर अपना कविऋण उतारने के लिए निकल पड़े।

मुझे ऐसी ही कुछ स्मृत्तियाँ से गाँव की याद आ रही है, जिसमें मैंने बाजी के कवि मन को भी देखा है। वे उन दिनों पडरौना में प्रिंसिपल थे। हम लोग हर गर्मी की छुट्टियों में गाँव जाया करते थे। रानीगंज बाज़ार से गाँव तक का रास्ता पैदल ही तय करनी होती थी। वह रास्ता क्या, एक पगडंडी होती थी, जो खेतों के बीच से निकलती थी। उसके साथ-साथ एक नदी बहती थी। ये लंबी दूरी तय करनी हम बच्चों के लिए कभी मुश्किल नहीं हुई, क्योंकि साथ में होते थे पंडित जी और रामकिशोर बाबा (बाजी के गाँव के मित्र)। यह तसवीर आज भी सजीव है। बाजी दिल्ली में रहते हुए भी उन पगडंडियों पर साल मे कम से कम दो बार तो ज़रूर जाते थे। उनको वहीं तो मिलता था कविता का कच्चा माल,

पंडित जी और राम किशोर बाबा के कह-कहे और चुटकुले जो उन्हें गाँव से जोड़े रखते थे। दिल्ली से गाँव के बीच के पुल भी वे ही थे।

उनकी कविता की ज़मीन तो बाबा और इया (Grandfather and grandmother) ने बचपन में ही रख दी थी। बाबा तो जानकारियों के भंडार थे। विषय कोई भी हो, उस बारे में बाबा के अपने मत और विश्वास थे जिनसे उनको कोई डिगा नही सकता था। हर रोज़ चाय के समय अख़बार और उनकी गप्प साथ होती थी। इया कभी-कभी बातों की छौंक लगा जाती थीं। बाबा की तर्कशक्ति ने भी बाजी के लिए सक्रिय रचनात्मक भूमि तैयार की।

सौंदर्य और प्रेम को महसूसने का उनका अपना नज़रिया था। वे कहीं भी, कभी भी सौंदर्य को देख सकते थे। बैल का सींग हो, घर के पास का टूटा हुआ ट्रक हो, चींटी हो या फिर रोटी हो। दरअसल उनके स्वभाव में ही सौंदर्य दिखाई पड़ता है जो कविताओं मे आया है। उनको साफ़ सफ़ाई, करीने से रैक में लगी किताबें अच्छी लगती थीं। यही कारण है कि उनके कमरे में बच्चों को आसानी से प्रवेश नहीं मिलता था। पर चोरी छिपे उनकी अधूरी कविताओं को पढ़ना मुझे बहुत अच्छा लगता था। बाजी बोल-बोलकर शब्दों की लय को अर्थ लय से मिलाते थे। शब्दों की इस व्यवस्था को हर सुबह ताजा बनी कविताओं में ढूँढ़ना मेरी आदत बन गई थी। बाजी की यह सौंदर्य दृष्टि भारतीय संस्कृति के रंगों लोकगीतों के प्रति उनके सुझाव में भी दिखाई पड़ता था। मुझे याद आ रहा है कि माँ के न रहने पर कोई भी त्योहार हम लोगो के लिए बड़ा ही बोझिल हो जाता था, ख़ास तौर पर दीवाली। क्योंकि इन्हीं दिनों माँ हमे छोड़कर चली गई थी। उसके बाद की कई दीवाली हमने अँधेरे में ही बिताई है। पर जैसे-जैसे हम बड़ें हो रहे थे रंगों और रेखाओं में सजा भारतीय स्वरूप हमें आकृष्ट करने लगा था। हमने एक दीवाली को थोड़े से आटा, गेरू, हल्दी और फूल से दरवाज़े पर एक रंगोली बनाई। मैंने देखा कि चुपचाप उदास बैठे

बाजी को भी धीरे-धीरे उसमें दिलचस्पी होने लगी। फिर तो हर दरवाज़े पर वो इशारा करते गए और हम लोग रंगोली बनाते गए। मात्र उन कुछ रंगों और रेखाओं ने कब हमारे घर की उदासी और अँधेरे को उजाले में बदल दिया था और कब हमारे मन के अँधेरे ने इन्हीं रंगों के सहारे एक नया संसार बनाना शुरू कर दिया, हमे पता ही नहीं चला। तब से भारतीय संस्कृति के ये रंग मुझे बहुत अधिक अपने लगने लगे। मुझे यह विश्वास होने लगा कि सब कुछ अपने आप उसी रूप में नहीं बदलता है जिसे जीवन कहते है, बल्कि बहुत कुछ ऐसा है जिसे हम चाहे तो जीवन का रूप दे सकते है।

अभी पिछले 19 मार्च 2018 को जब वे कविताओं और हम सबको छोड़कर चले गए तो फिर एक बार सामने अँधेरा था। इस बार तो रंगों और ज़िंदगी की उजालों की ओर इंगित करती उनकी उगंलियाँ भी नहीं थी। पर उनकी कविताएँ और उनके लोग अब भी हैं। अब भी एक उम्मीद की तरह कुम्हार की आँखों मे बैठा वही 'बाघ' है जो टूट गया था। फिर कहीं किसी कवि की दृष्टि उन्हीं बिम्बों पर पड़ेंगी तो हर बार नए-नए रूप में वे ही लौटेंगे।

संध्या सिंह

— 딸이 대신하는 아버지의 말씀

친애하는 김교수님,

가장 먼저 제 아버지의 시를 한국인들에게 전해주신 것에 대해 감사합니다. 제가 알기로는 이것은 아버지의 시가 한국어로 출간되는 첫 번째 시선집입니다. 아버지께서 계셨더라면, 바로 이 말씀을 하셨을 것입니다. 그래서 아버지의 딸이 대신하여 아버지가 하시지 않은 말씀을 전합니다.

아버지께서 작고하신 지 거의 1년이 되어가는 이즈음 이 시선집이 출간됩니다. 세상의 많은 언어들로 아버지와 아버지의 시에 대해 많이 쓰여졌습니다. 이런 가운데 교수님의 시선집은 한 특별한 중요성을 지니고 있습니다. 왜냐하면 저의 아버지는 세상의 여러 언어들로 대화하는 것을 가장 좋아하셨기 때문입니다. 아버지의 시와 아버지의 감수성에는 자연스럽게 전 세계가 포함되어 있습니다.

저의 아버지께서는 시는 독자와 직접 대화하는 것이라고 말씀하셨습니다. 인도에는 시로 말하는 전통이 있습니다. 테크닉은 매우 후에 왔습니다. 오늘날 전세계에서 시가 서로 대화하는 것이 가능해진 것에 대해 테크닉에게 감사합니다. 교수님 덕분에 힌디어 시와 한국어의 대화가 가능해졌습니다.

이 시선집의 특별한 점은 초창기에서 최근까지의 아버지의 시가 선별 수록된 것입니다. 그래서 이 선집은 인도시의 약 칠팔십 년의 배경을 이해하는 도움이 됩니다. 또한 한편으로는 새, 개미, 호랑이, 대지, 눈물의 평범한 세상을 특별하게 만들고, 다른 한편으로는 사르트르의 무덤과 베를린의 무너진 벽을 시적으로 형상화하여 폭넓은 감수성을 보여준 시인의 시각을 이해하는 데에 도움이 될 것입니다.

아버지의 시에서 인물이나 농촌이 중요해진 것은 그저 그냥 된 것도 아니고, 억지로 된 것도 아닙니다. 시인이 직접 그들에게 다가갔기에 가능했습니다. 자신의 시 속의 인물들과 만나 대화하며 즐기려고 또한 시적 리듬을 위해 아버지는 자주 델리를 떠나 때로는 짜끼야(Cakiya, 시인의 고향), 때로는 빠드로우나(Paḍarauna), 때로는 바나라스에 가셨고, 때로는 사르트르의 무덤에서 자신의 시인으로서 빚을 내려놓으셨습니다.

아버지의 시인의 마음을 느낄 수 있었던 추억과 함께 고향이 생각납니다. 그 무렵 아버지는 빠드로우나에서 교장을 지내셨습니다. 우리들은 여름 방학마다 고향에 가곤 했습니다. 라니간즈(Rānīganj) 시장에서 고향까지 걸어가야 했습니다. 그 길은 제대로 된 길이 아니고 밭 사이로 난 오솔길이었습니다. 그 길을 따라 강이 흘렀습니다. 우리 아이들은 그 긴 길을 어렵지 않게 걸어갈 수 있었습니다. 왜냐하면 아버지의 고향 친구이신 빤디뜨지(Pandit ji 브라만에 대한 호칭)와 람끼쇼르(Ramkishor) 아저씨가 함께 계셨기 때문입니다. 이 장면이 아직도 생생합니다. 아버지께서는 델리에서 거주하시면서도 일 년에 적어도 두 번은 꼭 그 오솔길을 가셨습니다. 아버지는 그곳에서 아버지를 고향과 연결시켜주었던 시의 소재를 얻고 빤디뜨지와 람끼쇼르 아저씨의 이야기와 우스갯말을 들으셨습니다. 바로 그분들이 아버지에게는 델리와 고향 사이의 다리이기도 하셨습니다.

할아버지와 할머니께서 아버지의 시적 토양은 어린 시절에 조성해주셨습니다. 할아버지는 지식의 보고이셨습니다. 주제가 무엇이든 그것에 관해 할아버지는 자신의 의견과 신념을 가지고 계셨습니다. 어떤 누구도 그의 신념을 흔들 수 없었습니다. 매일 차 마시는 시간에 신문을 읽으시면서 잡담도 하셨습니다. 때때로 할머니는 대화에 양념을 치셨습니다. 할아버지의 논리력은 아버지에게 긍정적인 창작의 토양이 되었습니다.

아버지는 아름다움과 사랑을 체험하는 자신만의 시각을 가지고 계셨습니다. 아버지는 언제 어디서든지 아름다움을 보실 수 있었습니다. 황소의 뿔이든, 집 주변의 망가진 트럭이든, 개미이든, 로띠(Roṭī, 통밀빵)이든. 그 아름다움은 아버지의 성품에만 보였고, 그것은 시에서 형상화되었습니다.

아버지는 깨끗이 청소된 것과 책장에 가지런히 놓여 있는 책들을 좋아하셨습니다. 그래서 아이들은 아버지 방에 마음대로 들어갈 수 없었습니다. 그러나 저는 몰래 들어가 아버지의 미완의 시를 읽는 것을 무척이나 좋아했습니다. 아버지께서는 소리 내어 단어의 리듬과 의미의 리듬을 하나로 만드셨습니다. 나는 매일 아침 아버지께서 새롭게 쓰신 시에서 단어의 리듬과 의미의 리듬의 결합을 찾곤 했습니다. 인도 문화로 물든 민요에 대한 아버지의 제안에서 아버지의 아름다움에 대한 관점을 볼 수 있습니다.

어머니가 계시지 않기 때문에 어떤 축제도, 특히 디왈리 축제가 우리들에게는 크게 부담되었던 것이 기억납니다. 왜냐하면 바로 디왈리 축제 즈음 어머니께서 우리를 남겨두고 떠나셨기 때문입니다. 그 후 많은 (빛의 축제인) 디왈리를 우리는 어두움 속에서 보냈습니다. 그런데 우리가 커가면서 디왈리 축제 때 색과 선들로 장식된 인도의 모습에 매료되었습니다. 우리는 어느 디왈리 축제에 밀가루, 적토, 강황 그리고 꽃으로 문 앞에 랑골리(둥근 문양)를 만들었습니다. 저는 조용히 슬픔에 잠겨 계시던 아버지께서도 흥미로워하시는 모습을 보았습니다. 그리고 그 후 아버님께서 문을 가리키시면 우리는 랑골리를 만들었습니다. 우리는 언제 단지 몇 개의 색과 선이 우리 집의 슬픔과 어두움을 빛으로 바꿔주었고, 언제 우리 마음의 어두움이 이런 색들의 도움으로 새로운 세상을 만들기 시작했는지 알지 못했습니다. 그 후로 저는 인도 문화의 이러한 색들을 제 것으로 느꼈습니다. 저는 모든 것이 인생이라고 불리는 모습으로 그냥 바뀌는 것이 아니고, 그보다는 우리가 원하면 인생의 형태를 많은 것에 부여할 수 있다는 믿음을 갖게 되었습니다.

지난 2018년 3월 19일에 아버지께서 시와 우리 모두를 남겨두고 떠나셨을 때 우리 앞에 다시 어두움이 드리웠습니다. 이번에는 색과

삶의 빛을 가리키시는 아버지의 손가락이 없습니다. 그러나 아버지의 시와 아버지의 사람들은 여전히 남아 있습니다. 지금도 도공의 두 눈에 자리잡은 깨진 그 '호랑이'가 한 바램처럼 있습니다. 그리고 혹시라도 어떤 시인의 시선이 그 심상에 머문다면 매번 새로운 모습으로 아버지께서 돌아오시는 것입니다.

산댜 싱*

---

* 께다르나트 싱 시인의 따님. National Council of Educational Research and Training 교수

▲ 시인 그리고 비평가 네미짠드러 잰(JNU 교정)

▲ 젊은 시절 역자와 시인(JNU 교수사택)

▲ 시인, 상유즈따 꼬샬 교수 그리고 역자(뉴델리)

▲ 시인과 『호랑이』 열두번째에 언급된 뜨리로짠 샤스뜨리

▼ K.사찌다난다와 시인(모스크바)

시인의 딸 산댜 싱과 역자 ▶

▼『호링이와 그리고 다른 시들』에 관한 간담회(뉴델리)

차례

1부
청년 께다르나트 싱

2부
1980년대 이후 께다르나트 싱

3부 『호랑이』

1부

청년 께다르나트 싱

— 미도래자 未到來者

이 미도래자(未到來者)를 어떻게 하지요?
자꾸 생각지도 않고, 알지도 못하는데
길 위를 가는 것이 갑자기 보입니다.
책들에서 배회합니다
밤의 인적 없는 골목 사이에서 노래합니다.
길의 모든 모퉁이를 거쳐 지나갑니다
날이 저물고—
아무도 없는 집에 돌아옵니다,

피리를 붑니다.
닫힌 창문의 유리를 깨뜨리고 갑니다.
문짝에 쓰여 있는 이름을 지워버립니다
잠자리에 자신의 자국을 남기고 갑니다

이 미도래자를 어떻게 하지요
오지도 않고, 가지도 않습니다!

요즘 머물게 할 수 없습니다, 어디에도
매 순간, 매 시 의구심이 듭니다.
누가 알겠습니까, 언제 어디에서 그가 보일지
모든 새로 온 자는 바로 그처럼 느껴집니다!

꽃 같은 암흑에서
아주 멀리서 비명을 지르듯이
이렇게 그는 거울에 번득이며 갑니다.
그의 두 손은
손에 들어왔다가 미끄러져 갑니다,
그의 스침은
동맥을 짓밟고 갑니다.

날개는
그의 황금빛 그림자에 잃어버리고,
발은
그의 안개 속에서 발버둥칩니다.

그의 휘파람 쪽으로

힘있게 잡아 끄는

이 미도래자를 어떻게 하지요, 우리는.

(1959)

— 정오

떨어지기 시작했다 '님'나무 잎들이, 커져간다 마음의 우울함이
날기 시작한다 가라앉은 밭에서
바싹바싹 겨자 색깔 빛
볕이 황토 빛이 되고, 마치 마음에—
의식들의 덮개가 짜이지 않았는데,
이 공허한 낮 시간에 멈춘 듯하다 삶이 앞으로 나아가는 것이.

숨을 멈추고 서 있다
노략질 당한 듯한 자단(紫檀)나무는 감각 없이
'찔빌'나무의 벌거벗은 팔에
채워지기 시작한다 한 상실감
커졌다 씁쓸한 귀에 '사륵-사륵' 대나무 숲 소리가.

지쳐서 머물러 있다 정오가,
멈추고 두려워한다 사방 바람이
이 폐허가 되어 버린 눈에—
더욱 빛나기 시작한다 메마름이
생명이여, 왔다 고통스런 날이, 지나갔다 밤들이 추위로 움츠렸던.

(1959)

— 방의 악마

두려워하지 않는다
그러나 그를 볼 때마다
볼 수 없다.

오늘도 서 있다 그가
내 문 앞에서 나를 기다리며
아주 커다란 날개를 가진 방의 악마

꽃이 언제 피는가
축제는 언제 오는가
갑자기 날씨가 어떤 날 변하는가
그는 전부 안다.

바로 그래서 절대 아무 것도 묻지 않는다
밖에서 올 때
조용히 상한 날개를 올려서
나에게 자리를 준다.

마치 말하는 것 같다:

'지금 매우 피곤하다 너는,
전사여, 휴식을 취하라!'

저녁의 희미함 속에
올린 내 이 두 손이
묶여진다.

때때로 그의 깊고 푸른 두 눈에서
연민이 내린다.
그리고 나는 느낀다
이와 무엇을 가지고 싸워야 하나?

그리고 때로는
돌아오는 길에
결정해 둔다
오늘 가서 그에게 도전할 것이다
싸울 것이다
패배시킬 것이다
검디 검은 그의 날개를 부러뜨릴 것이다.

그러나 내가 올 때
만난다
나를 기다리며 문에 서 있다 그는
방의 악마
눈도 깜빡이지 않고 우울하게!

내 두 손에서 의지가 떨어진다
두려워하지 않는다
그러나 그를 볼 때
망연히, 눈도 깜빡이지 않고, 우울하게
볼 수 없다.

(1959)

— 해설

「미도래자」(未到來者)는 청년 께다르나트 싱의 대표작으로 1947년 독립 이후 1950년대 인도사회의 분위기를 예민하게 형상화한 시이다. 독립 당시 인도의 전반적인 상황은 인도-파키스탄의 분리독립과 독립 쟁취의 희열과 흥분을 압도해버린 힌두-무슬림 간의 갈등과 분쟁 그리고 대학살과 대탈출, 이에 따른 피난 문화, 이어 1948년 극우 힌두교도에 의한 인도의 국부 마하트마 간디(Mahatma Gandhi, 1869-1948)의 암살과 그에 따른 선에 대한 신념의 동요 등으로 매우 암울했다.

그러나 초대 인도 총리, 네루(Jawaharlal Nehru, 1889-1964)가 제시한 사회주의에 기반한 새 국가건설의 공약은 인도인들에게 새로운 꿈을 갖게 했다. 인도인들은 정치적인 독립으로 수세기 동안 인도를 괴롭히던 모든 사회, 경제문제도 해결되고 희망과 성취의 새 시대가 올 것을 막연히 기대하고 있었다. 이런 낙관적인 분위기의 시대적 영향으로 좌, 우, 중도의 모든 시인들이 서정적이 되어 막연한 희망을 노래했다. 청년 께다르나트 싱도 예외는 아니었다. 그는 20대 청년의 예민한 감수성으로 오지 않은 미래를 체험하는 듯 그려 독립 이후 네루 시대에 무엇인가 기대하는 낙관적인 정서를 가장 섬세하게 형상화했다는 평가를 받는 시를 남겼다.

— अनागत

इस अनागत को करें क्या
जो कि अक्सर
बिना सोचे, बिना जाने
सड़क पर चलते अचानक दीख जाता है
किताबों में घूमता है
रात की वीरान गलियों-बीच गाता है।
राह के हर मोड़ से होकर गुज़र जाता
दिनढले-
सूने घरों में लौट आता है,

बाँसुरी को छेड़ता है।
खिड़कियों के बन्द शीशे तोड़ जाता है।
किवाड़ों पर लिखे नीमों को मिटा देता
बिस्तरों पर छाप अपनी छोड़ जाता है

इस अनागत को करें क्या
जो न आता है, न जाता है !

आजकल ठहरा नहीं जाता कहीं भी,
हर घड़ी, हर वक़्त खटका लगा रहता है
कौन जाने कब, कहाँ वह दीख जाये
हर नवागन्तुक उसी की तरह लगता है !

फूल जैसे अँधेरे में
दूर से ही चीख़ता हो

इस तरह वह दरपनों में कौंध जाता है
हाथ उसके
हाथ में आकर बिछल जाते,
स्पर्श उसका
धमनियों को रौंद जाता है।

पंख
उसकी सुनहली परछाइयों में खो गये हैं,
पाँव
उसके कुहासे में छटपटाते हैं।

इस अनागत को करें क्या हम
कि जिसकी सीटियों की ओर
बरबस खिंचे जाते हैं।

— दुपहरिया

झरने लगे नीम के पत्ते, बढ़ने लगी उदासी मन की,
उड़ने लगी बुझे खेतों से
झुर-झुर सरसों की रंगीनी,
धूसर धूप हुई, मन पर ज्यों —
सुधियों की चादर अनबीनी,
दिन के इस सुनसान पहर में रुक-सी गयी प्रगति जीवन की।
साँस रोक कर खड़े हो गये
लुटे-लुटे-से शीशम उन्मन,
चिलबिल की नंगी बाहों में
भरने लगा एक खोयापन,
बड़ी हो गयी कटु कानों को 'चुर-मुर' ध्वनि बाँसों के बन की।
थक कर ठहर गयी दुपहरिया,
रुक कर सहम गयी चौवाई,
आँखों के इस वीराने में —
और चमकने लगी रुखाई,
प्रान, आ गये दर्दीले दिन, बीत गयीं रातें ठिठुरन की।

— कमरे का दानव

डरता नहीं हूँ
मगर उसे जब देखता हूँ
देखा नहीं जाता है।

आज भी खड़ा है वह
मेरे दरवाज़े पर मेरी प्रतीक्षा में
बड़े-बड़े डैनोंवाला कमरे का दानव

फूल कब खिलते हैं
त्यौहार कब आता है
अकस्मात् मौसम किस रोज़ बदल जाता है
उसे सब ज्ञात है।

इसीलिए कभी कुछ पूछता नहीं है
जब बाहर से आता हूँ
चुपके से क्षत-विक्षत डैने उठाकर
मुझे जगह दे देता है।

मानो कहता हो :
'अब बहुत थक गए हो तुम,
योद्धा, विश्राम करो !'

साँझ के धुँधलके में
उठे हुए मेरे ये हाथ
बँध जाते हैं।

कभी-कभी उसकी गहरी नीली आँखों से
करुणा बरसती है।
और मुझे लगता है
इससे क्या लड़ना है ?

और कभी ऐसा भी होता है
लौटते हुए पथ में
निश्चय कर लेता हूँ
आज उसे चलकर ललकारूँगा
लड़ूँगा
पछाड़ूँगा

काले-काले उसके पंख तोड़ डालूँगा।

लेकिन जब आता हूँ
पाता हूँ उसी तरह
मेरी प्रतीक्षा में द्वार पर खड़ा है वह
कमरे का दानव
अपलक, उदास !

मेरे हाथों से संकल्प छूट जाता है
डरता नहीं हूँ
मगर उसे जब देखता हूँ
गुमसुम, अपलक, उदास
देखा नहीं जाता है।

2부

1980년대 이후 께다르나트 싱

I

1980년대 이후 께다르나트 싱

— 손

그의 손을

내 손에 잡으면서 나는 생각했다

세상을

손처럼 따뜻하고 아름답게 하여야 한다.

(1980)

— 2분 침묵

형제 자매 여러분
이 날이 지고 있습니다
이 지고 있는 날에 대해
2분 침묵

가고 있는 새에 대해
멈춘 물에 대해
둘러싸고 있는 밤에 대해
2분 침묵

존재하는 것에 대해
존재하지 않는 것에 대해
존재할 수 있는 것에 대해
2분 침묵

떨어진 껍질에 대해
뜯겨진 잡초에 대해
모든 계획에 대해
모든 발전에 대해
2분 침묵

이 위대한 세기에 대해
위대한 세기의
위대한 의도에 대해
위대한 단어들과
위대한 약속에 대해
2분 침묵

형제 자매 여러분
이 위대한 형용사에 대해
2분 침묵

(1983)

— 농민 아버지가 아들에게 전해준 잠언

내 아들아
우물을 절대 들여다보지 말고
가거라
하지만 새까만 까마귀들이
날아가는 쪽으로는
절대 가지 말거라

푸른 잎을
절대 따지 말거라
그래도 따야만 한다면
나무가 조금도
조금도 아프지 않게 하거라

저녁에 밥을 먹을 때마다
먼저 머리 숙여
벼를 기억하거라

혹시 붉은 개미가
보이면
폭풍이 일 것이라고
알아 두거라

오랫동안 밤에
재칼의 소리가 전혀 들리지 않으면
알아 두거라
역경의 날이 오리라는 것을

내 아들아
절대 벼락처럼 넘어지지 말거라[1]
혹시 넘어지더라도
풀처럼 즉시 일어설
준비를 늘 하고 있거라

1 수요일에 북쪽에 죽음의 신(Kāl)이, 일요일에 서쪽에 라후(Rāhu)악마가 있다는 민간 믿음이 있다.

혹시 어둠 속에서
길을 잃거든
북극성보다
멀리서 들려오는
개 짖는 소리를
믿거라

내 아들아
수요일에는 북쪽으로 가지 말고
일요일에는 서쪽으로 가지 말거라

그리고 가장 중요한 것은 내 아들아
전부 쓴 후에
이 단어들을 지워 깨끗이 닦아 놓아라

내일 해가 떴을 때

너의 석판(石版)이

매일처럼

닦여 있어

깨끗하고

빛날 수 있도록.

(1988)

— 구아버

구아버가 다시 나왔다 시장에
비록 거기에 자리가 없었지만
나는 보았다 자그마한 구아버들이
모두를 밀고 밀어서
걷는 길에 만들고야 말았다
자신을 위해 자리를 조금
그리고 이제 보아라 어떤 식으로 한 자그마한 바구니에
구아버들이 앉아 있는지 위엄 있게
걷는 길의 제왕처럼!

아니다, 나는 필요하지 않다 어떤 칼도
아니다, 나는 아무 것도 필요하지 않다
나는 원하지 않는다 내 이(齒)들과
구아버 사이에
어떤 삼자가 오는 것을

나는 어떤 매개자 없이
껍질과 씨들 사이를 지나
곧장 구아버의 고동치는 심장까지 도달하기를 원한다

바로 이것이 사는 한 방식이다
가장 확실하고
가장 신뢰할 수 있는

이것을 내가 어느 날
한 구아버에게 배웠다.

(2005)

— 해설

역자의 전공은 인도 낭만주의 시이다. 전공을 살려 학부에서 "인도시문학연구"를 강의할 수 있었던 것은 큰 행운이었다. 학생들에게 주요 시 흐름에 따라 근-현대시를 소개했다. 네루대학교 석사과정에 들어가기 바로 전부터 역자에게 멘토처럼 가르침을 주셨고 네루 대학 시절에 역자의 선생님이셨던 께다르나트 싱의 「미도래자」(未到來者)를 다루는 것은 1950년대 인도 시를 이해하는 데에 필수적이었다.

역자는 종강할 때 께다르나트 싱의 시를 또 다루었다. 종강하기 전 주에 학생들에게 종강 때 선물을 줄 터이니 기대를 하고 오라고 말하곤 했다. 그리고 역자가 학생들에게 준 선물은 바로 께다르나트 싱의 시, 「농민 아버지가 아들에게 전해준 잠언」이었다.

역자는 이 시에 담긴 삶에 대한 현실 인식과 살아가는 방식을 학생들에게 꼭 소개하고 싶었다. 농민 아버지가 아들에게 가장 중요한 것은 자신이 말한 것을 다 지워버리고 새로운 것을 받아들일 수 있도록 스스로를 닦아 깨끗하고 빛나게 해 두는 것이라고 강조하는 마지막 연은 선생으로서 학생들이 역자가 가르친 것을 꼭 기억해주기를 바랐던 자신을 반성하게 했다.

2018년 3월 23일 우리 학교에서 있었던 힌디어의 날 기념식에서 폐회사를 하면서 모든 참석자와 함께 이 시를 읽으면서 선생님을 추모했던 기억이 새롭다.

— हाथ

उसका हाथ
अपने हाथ में लेते हुए मैंने सोचा
दुनिया को
हाथ की तरह गर्म और सुंदर होना चाहिए।

— दो मिनट का मौन

भाइयो और बहनो
यह दिन डूब रहा है
इस डूबते हुए दिन पर
दो मिनट का मौन

जाते हुए पक्षी पर
रुके हुए जल पर
घिरती हुई रात पर
दो मिनट का मौन

जो है उस पर
जो नहीं है उस पर
जो हो सकता था उस पर
दो मिनट का मौन

गिरे हुए छिलके पर
टूटी हुई घास पर
हर योजना पर

हर विकास पर
दो मिनट का मौन

इस महान शताब्दी पर
महान शताब्दी के
महान इरादों पर
महान शब्दों
और महान वादों पर
दो मिनट का मौन

भाइयो और बहनो
इस महान विशेषण पर
दो मिनट का मौन

— कुछ सूत्र जो एक किसान बाप ने बेटे को दिये

मेरे बेटे
कुँए में कभी मत झाँकना
जाना
पर उस ओर कभी मत जाना
जिधर उड़े जा रहे हों
काले-काले कौए

हरा पत्ता
कभी मत तोड़ना
और अगर तोड़ना तो ऐसे
कि पेड़ को ज़रा भी
न हो पीड़ा

रात को रोटी जब भी तोड़ना
तो पहले सिर झुकाकर
गेहूँ के पौधे को याद कर लेना

अगर कभी लाल चींटियाँ
दिखाई पड़ें
तो समझना
आँधी आनेवाली है

अगर कई-कई रातों तक
कभी सुनाई न पड़े स्यारों की आवाज़
तो जान लेना
बुरे दिन आनेवाले हैं

मेरे बेटे
बिजली की तरह कभी मत गिरना
और कभी गिर भी पड़ो
तो दूब की तरह उठ पड़ने के लिए
हमेशा तैयार रहना

कभी अँधेरे में
अगर भूल जाना रास्ता
तो ध्रुवतारा पर नहीं
सिर्फ़ दूर से आनेवाली
कुत्तों के भूँकने की आवाज़ पर
भरोसा करना

मेरे बेटे
बुध को उत्तर कभी मत जाना
न इतवार को पच्छिम

और सबसे बड़ी बात मेरे बेटे
कि लिख चुकने के बीद
इन शब्दों को पोंछकर साफ़ कर देना

ताकि कल जब सूर्योदय हो

तो तुम्हारी पटिया

रोज़ की तरह

धुली हुई

स्वच्छ

चमकती रहे

अमरूद

अमरूद फिर आ गए बाज़ार में
और यद्यपि वहाँ जगह नहीं थी
पर मैंने देखा छोटे-छोटे अमरूदों ने
सबको ठेल-ठालकर
फुटपाथ पर बना ही ली
अपने लिए थोड़ी जगह
और अब देखो तो किस तरह एक छोट-सी टोकरी में
वे बैठे हैं शान से
फुटपाथों के शाहंशाह की तरह !

नहीं, मुझे नहीं चाहिए कोई चाकू
नहीं, मुझे कुछ भी नहीं चाहिए
मैं नहीं चाहता मेरे दाँतों
और अमरूद के बीच
कोई तीसरा आए

मैं बिना किसी मध्यस्थ के
छिलकों और बीजों के बीच से होते हुए
सीधे अमरूद के धड़कते हुए दिल तक पहुँचना चाहता हूँ
जोकि उसका स्वाद है

जीने का यही एक ढंग है
सबसे अचूक
और सबसे भरोसेमन्द

यह मैंने एक दिन
एक अमरूद से सीखा था

II

1980년대 이후 께다르나트 싱

— 황소

나는 모릅니다, 지금도 그가 필요한지
혹은 그렇지 않은지
그러나 그는 돌아오고 있습니다
저물어 가는 태양의 딴두리 로띠[2]에 관해
인식하지 못하고
단지 공기 속의 습기와 풀단을
자신의 등에 지고서

마치 돌덩이가
산에서 굴러 떨어지듯이

그는 가고 있습니다
그리고 그의 꼬리처럼
그를 몰아가고 있는
단 한 오솔길을 그는 기억합니다

냄새가 납니다.
그는 어디에서 나는지 모릅니다

---

2 '딴두르'라는 화덕에서 구운 동부 빵

그렇지만 냄새는 납니다
북소리가 울립니다
정글에서는 나무가 잘리고 있습니다
새끼 양들은 그의 발굽을 짓뭉개고 있습니다

그는 조금 헐떡입니다
그의 귀는 쫑긋하게 됩니다.
이것은 짚의 향기이다—그는 자신에게 말합니다
그리고 한 바람과 함께
자신의 온 몸을
읍내의 졸음과 열기에 맡겨버립니다

그는 타고 있는 불길
그리고 하품하는 이야기들 속에서
하루 종일
짚에 대해서 생각하고
밤새
신에 대해 생각하는
그런 동물입니다

이튿날
전혀 새로운 한 날입니다
신선하고 차가운

갑자기 그는 목초지가 기억납니다
그는 꼬리를 들어올립니다
그리고 읍내를 스물 한 번 돈 후에
알게 됩니다—그가 바로 자신의 쟁기
앞에 서 있다는 것을.

그는 끝없이 기쁩니다.
그는 처음으로 자신의 이마에
자신의 아주 멋진 뿔이 있다는 것을
느낍니다

그리고 힘을 배나 내어
멍에 밑에
자신의 목을 갖다 놓습니다

오로지

그의 솟아 오른 뿔이

마을 어귀에서 빛나고 있습니다

해가 질 때까지

(1980)

— 로띠[3]

그것에 관해 시를 쓰는 것은
어리석은 일일 것이다
그리고 나는 하지 않을 것이다

나는 단지 당신을
당신이 와서 나와 함께 곧장
그 불까지 가자고 초대할 것이다.
그 화덕까지—그것이 익고 있는
한 경이로운 열기와 위엄과 함께
불을 전부 냄새로 바꾸면서
세상의 가장 놀라운 것
그것이 익고 있다

그리고 익는 것은
돌아가는 것이 아니다 본래대로

그것은 앞으로 나아가고 있다
서서히, 서서히

---

3 '로띠'는 북부 인도 가정에서 우리나라의 밥처럼 먹는 둥글납작한 통밀 빵이다.

돌격할 요량으로
그것은 앞으로 나아가고 있다

그것의 열기는 도달하고 있다, 인간의 졸음에
그리고 생각에까지

나는 믿는다
당신이 그것에 대항하고 있는 것을

나는 그것을 사냥했다.
그것이 불에서 나오는 것을 볼 때면
나는 매번 이렇게 느낀다

내 손은 찾기 시작한다
내 화살과 활을
내가 그것을 먹기 시작하면
내 손은 바로 나를 찾는다

나는 그것을 뗄 때마다

매번 그것이 전보다 더 맛있다고 느낀다
전보다 더 둥글고
그리고 아름답다
전보다 더 붉고 잘 익었다

당신은 믿으시오
나는 시를 쓰고 있지 않다
다만 불을 향해 손짓을 하고 있다

그것은 익고 있다
그리고 당신은 볼 것이다—
이것은 벽에 쓰여지고 있는
굶주림에 관한
불의 진술이다

당신은 볼 것이다
벽들이 서서히-서서히
맛으로 변하고 있는 것을.

(1980)

— 망가진 트럭

나는 지난 우기부터 그것을 보고 있습니다
망가져 곤혹스러워 하면서
거기에 그렇게 서 있습니다
그리고 이제 거기에서 싹이 나고 있습니다

나는 보고 있습니다
한 자그마한 덩굴이
핸들을 향해 뻗어가고 있습니다
한 자그마한 잎이
경적을 울리고 싶은 듯이
그 옆에 구부렸습니다.
아주 섬세하고 소리 없는 듯한 두들김이
끊임없이 계속되고 있습니다, 트럭 전체에
어떤 나사가 풀려가고 있습니다
어떤 쇠줄이 조여지고 있습니다
망가진 트럭은
잡초의 두 손에
완전히 넘겨졌습니다
그리고 타이어를 바꾸는 것을
잡초는 걱정하고 있습니다

생각하는 것이 내게 얼마나 기쁜 일인지 모릅니다
내일 아침까지 모두 수리되어
내가 일어나면
갑자기 경적 소리를 들을 것이고
부릉부릉 소리 내며
'떤수끼야'나 '보까잔'을 향하여 트럭이 떠날 것이라고…

저녁이 되고 있습니다
망가진 트럭은 그냥 그렇게 서서
나를 응시하고 있습니다

나는 생각합니다
지금 그 트럭이 거기에 없다면
내 도시,
내 사람들
그리고 그 사람 그 사람
내 집을
인식하는 것이 얼마나 어려웠을까

(1983)

— 야채도매시장에서 나오면서

선생님, 당신은 누구신가요?
나는 알지 못한다
그러나 당신을 위해 존재한다 이 작은 시가
이 시는 당신을 수년 전부터 안다

이 시가 어느 날 당신을 만났다
바로 이 야채도매시장에서
당신이 오크라를 구입하고 있었다
그리고 이 시는 어떤 여주 뒤에
숨어 있었다
시 '까비따'와 여주 '까랠라'는 어떤 것도 비슷하지 않다
그러나 둘의 소리가
어딘가 비슷하다 분명히!
당신은 듣지 않았을 것이다 아마도
이 시가 조용히 물었다 당신의 이름을
이것은 단순한 한 방식이었다
당신의 주의를 끌려는
그렇지 않다면 모든 시 안에 있다
도시의 모든 이름이 기재되어 있는
벌레-곤충의 이름조차도

한 탐정 일기가

실제로 이 어리석은 시는

이것에 관해 아무 것도 말할 수 없는

좀 그런 것이다.

조용하면 조용하나

그렇지 않으며 기도 중간에도 시작할 것이다 소리지르기

내가 어느 날 절반쯤 쓴 시 한 편이

중얼거리는 것을 들었다 오 신이여, 신이여

만약 꼭 만들어야만 한다면

만들어 주세요 나를 한 걸인의 동냥사발로

보며 살 수 있도록 세상을

풍자 가득한 연민으로

그러나 가십니까 당신은?

당신은 급하십니까?

그러나 들어보세요, 아, 한 나쁜 습관이 있어요 이 시의

이 시에게 성냥은 있어요

당신에게 잎담배 하나가 있지요, 선생님?

(2005)

— 해설

역자는 1976년 8월부터 인도정부의 Hindi Propaganda Aboard Scheme에 따라 국립힌디어연구소(Central Institute of Hindi)에서 외국인들을 위한 Certificate Course에서 힌디어를 'ㄱ, ㄴ, ㄷ, ㄹ(क्, ख्, ग् घ्)…'부터 다시 배웠다. 새롭게 힌디어를 익히는데 정신이 없던 어느 날 색다른 교재로 수업을 하시던 상유끄따 꼬샬(Sanyukta Kaushal, 1945-2007)선생님이 아침 신문에 발표된 께다르나트 싱의 따끈따끈한 시,「로띠」를 가지고 힌디어의 발음과 독해를 가르쳤다. 역자를 인도어 시와 처음으로 제대로 만나게 해 주셨던 언어학자이며 라다크(Ladakh)어 전문가이셨던 상유끄따 선생님이 이 시인의 활동 재개를 매우 반기셨던 것을 지금도 기억한다.

'로띠'는 우리의 '밥'과 같다. 당시 뭔가 새롭고 드물고 아름다운 것이 시가 될 수 있다고 생각했던 역자에게 일상에서 너무 익숙한 '밥'이 시의 제재가 될 수 있다는 것은 신선한 충격이었다. 그런데 시인은 이 시에서 너무나 평범한 '밥'을 제재로 원시 사냥에서 현대 화덕에서 익혀지는 '로띠'까지의 발전과 그 발전 과정에서 있었던 인류의 투쟁을 암시하는데 성공한다. 누구나 인정하는 시인의 가장 큰 특징은 자신이 보거나 체험한 일상의 극히 평범하고 작은 것을 그냥 넘기지 않고 형상화하여 인간, 삶, 사회, 세계 등의 근원적이면서도 심오하고 광대한 면을 쉽게 풀어가는 것이다.

— बैल

मैं नहीं जानता अब भी उसकी ज़रूरत है
या नहीं
लेकिन वह लौट रहा है
डूबते हुए सूरज की तन्दूरी रोटी से
बेख़बर
सिर्फ़ हवा की नमी और घास का गट्ठर
अपनी पीठ पर लिए हुए

जैसे पत्थर का ढोंका
पहाड़ से लुढ़का दिया गया हो

वह चल रहा है
और सिर्फ़ एक पगडंडी उसे याद है
जो उसकी पूँछ की तरह
उसे हाँके लिये जा रही है

एक गंध आ रही है
और वह नहीं जानता कहाँ से
मगर गंध आ रही है

और ढोल बज रहा है
और जंगल में पेड़ काटे जा रहे हैं
और मेमने उसके खुरों को कुचल रहे हैं

वह ज़रा-सा हूँफता है
उसके कान खड़े हो जाते हैं
यह भूसे की ख़ुशबू है —वह अपने आप से कहता है
और एक नई उम्मीद के साथ
अपने पूरे शरीर को
बस्ती की नींद और गरमाहट पर छोड़ देता है

जलती हुई आग
और ऊँघते हुए क़िस्सों के बीच
वह एक ऐसा जानवर है जो दिन भर
भूसे के बारे में सोचता है
रातभर
ईश्वर के बारे में

अगला दिन
एक बिल्कुल नया दिन होता है
ताज़ा और ठंडा

अचानक उसे चरागाहों की याद आती है
वह पूँछ उठाता है
और बस्ती के इक्कीस चक्कर लगाने के बाद
पाता है —वह ठीक अपने हल के
सामने खड़ा है

उसे बेहद ख़ुशी होती है
वह पहली बार अपने माथे पर
अपने शानदार सींगों का होना
महसूस करता है

और दूनी ताक़त के साथ
जुए के नीचे
अपनी गर्दन रख देता है

सिर्फ़

उसके उठे हुए सींग

सिवानों में चमकते रहते हैं

सूर्यास्त तक।

— रोटी

उसके बारे में कविता करना
हिमाक़त की बात होगी
और वह मैं नहीं करूँगा

मैं सिर्फ़ आपको आमंत्रित करूँगा
कि आप आयें और मेरे साथ सीधे
उस आग तक चलें
उस चूल्हे तक —जहाँ वह पक रही है
एक अद्भुत ताप और गरिमा के साथ
समूची आग को गंध में बदलती हुई
दुनिया की सबसे आश्चर्यजनक चीज़
वह पक रही है

और पकना
लौटना नहीं है जड़ों की ओर

वह आगे बढ़ रही है
धीरे-धीरे

झपट्टा मारने को तैयार
वह आगे बढ़ रही है

उसकी गरमाहट पहुँच रही है आदमी की नींद
और विचारों तक

मुझे विश्वास है
आप उसका सामना कर रहे हैं

मैंने उसका शिकार किया है
मुझे हर बार ऐसा ही लगता है
जब मैं उसे आग से निकलते हुए देखता हूँ

मेरे हाथ खोजने लगते हैं
अपने तीर और धनुष
मेरे हाथ मुझी को खोजने लगते हैं
जब मैं उसे खाना शुरू करता हूँ

मैंने जब भी उसे तोड़ा है
मुझे हर बार वह पहले से ज़्यादा स्वादिष्ट लगी है
पहले से ज़्यादा गोल
और ख़ूबसूरत
पहले से ज़्यादा सुर्ख और पकी हुई

आप विश्वास करें
मैं कविता नहीं कर रहा
सिर्फ़ आग की ओर इशारा कर रहा हूँ

वह पक रही है
और आप देखेंगे —यह भूख के बारे में
आग का बयान है
जो दीवारों पर लिखा जा रहा है

आप देखेंगे
दीवारें धीरे-धीरे
स्वाद में बदल रही हैं।

— टूटा हुआ ट्रक

मैं पिछली बरसात से उसे देख रहा हूँ
वह वहाँ उसी तरह खड़ा है
टूटा हुआ और हैरान
और अब उससे अँखुए फूट रहे हैं

मैं देख रहा हूँ
एक छोटी - सी लतर
स्टीयरिंग की ओर बढ़ी जा रही है
एक ज़रा-सी पत्ती
भोंपू के पास झुकी है
जैसे उसे बजाना चाहती हो
एक बहुत महीन और बेआवाज़-सी ठोंक-पीट
लगातार जारी है समूचे ट्रक में
कोई नट खोला जा रहा है
कोई तार कसा जा रहा है
टूटा हुआ ट्रक
पूरी तरह सौंप दिया गया है
घास के हाथों में

और घास परेशान है
पहिये बदलने के लिए

मेरे लिए यह सोचना कितना सुखद है
कि कल सुबह तक सब ठीक हो जायेगा
मैं उठूँगा
और अचानक सुनूँगा भोंपू की आवाज़
और घरघराता हुआ ट्रक चल देगा
तिनसुकिया या बोकाजान...

शाम हो रही है
टूटा हुआ ट्रक उसी तरह खड़ा है
और मुझे घूर रहा है

मैं सोचता हूँ
अगर इस समय वो वहाँ न होता
तो मेरे लिए कितना मुश्किल था पहचानना
कि यह मेरा शहर है

और ये मेरे लोग

और वो वो

मेरा घर

— सब्ज़ी-मंडी से निकलते हुए

भाई साहब, आप कौन हैं
यह मैं नहीं जानता
पर आपके लिए हाज़िर है यह छोटी-सी कविता
जो आपको बरसों से जानती है

इसे एक दिन आप मिले थे
इसी सब्ज़ी — मंडी में
जब आप भिंडी ख़रीद रहे थे
और यह किसी करैले के पीछे
दुबकी पड़ी थी
कविता और करैला में कुछ भी समान नहीं
पर दोनों की ध्वनि
कहीं मिलती ज़रूर है !
आपने सुना न हो शायद
इसने धीरे से पूछा था आपका नाम
यह महज़ एक ढंग था
आपका ध्यान आकृष्ट करने का
वरना हर कविता के पास होती है

एक जासूस-डायरी
जिसमें शहर के सारे नाम दर्ज होते हैं
यहाँ तक कि कीड़ों-मकोड़ों के भी
असल में यह कम्बख़्त कविता कुछ चीज़ ही ऐसी है
कि इसके बारे में कुछ नहीं कहा जा सकता
चुप है तो चुप है
वरना प्रार्थना के बीच भी शुरू कर देगी चिल्लाना

मैंने एक दिन एक अधबनी कविता को
बुदबुदाते हुए सुना था कि हे ईश्वर हे ईश्वर
अगर बनाना ही है
तो बना दो मुझे एक मँगते का कटोरा
ताकि देखती रहूँ दुनिया को
व्यंग्यभरी करुणा से

पर भाई साहब, क्या जा रहे हैं आप ?
क्या जल्दी में हैं ?
पर सुनिए तो —एक बुरी आदत है इस कविता की

इसके पास माचिस है

क्या आपके पास एक बीड़ी होगी भीई साहब ?

III

1980년대 이후 께다르나트 싱

— 바나라스

이 도시에 봄은
갑자기 온다
올 때는
레헤르따라[4] 또는 마루와디흐[5] 쪽에서
일어난다 먼지 돌풍이
그리고 이 위대한 고도(古都)의 혀가
흙먼지로 가득 차는 것을 본다

존재하는 그 것은 불안해하고
존재하지 않는 그것은 존재하려고 더욱 불안해한다
사람은 다샤슈와매드[6] 로 간다
그리고 가뜨[7]의 마지막 돌계단이
조금 더 부드러워졌음을 알게 된다
계단에 앉은 원숭이들의 두 눈에는
한 기묘한 축축함이 있다

---

4 인도 중세의 성자시인이며 개혁가이었던 까비르다스(Kabirdas, 1398 또는 1440-1518)가 탄생한 곳으로 알려져 있다.

5 레헤르따르보다 초입에 있는 지역 이름

6 바나라스의 갠지스강변을 따라 있는 여러 '가뜨' 중에서 가장 중심이 되는 곳.

7 강변의 계단식 둑

그리고 걸인들의 동냥그릇에 공허함을
한 기묘한 광채가 가득 채운다

자네는 본 적이 있는가
빈 동냥그릇에 봄이 내려오는 것을!
이 도시는 바로 이렇게 펼쳐진다.
가득 찬다
그리고 텅 비워진다 이 도시는
바로 이렇게 매일같이 끝없는 시체를
어깨에 매고 가져간다
깜깜한 밤의 골목에서
빛나는 갠지스강을 향하여

이 도시에 흙먼지는
서서히 날아다닌다
서서히 움직인다 사람들이
서서히 울린다 시계 종이
저녁도 서서히 온다

서서히 되는 것은
서서히 되는 한 집단적 리듬은
도시 전체를 단단히 묶는다
그래서 어떤 것도 쓰러지지 않는다
어떤 것도 흔들리지 않는다
있던 자리에 그것은
그대로 놓여 있다
물이 바로 거기에 있다
배가 거기에 묶여 있다
바로 거기에 놓여 있다 뚤시다스[8] 의 나막신이
수백 년 전부터

아무 때나 늦은 저녁
아무 것도 알리지 말고
들어가라 이 도시에
때로는 아르띠[9] 의 빛에

---

8 뚤시다스(Tulsidas, 1542-1623)는 중세에 람(Ram)을 최고 신으로 섬겼던 시인으로 지역어 『라마야나』인 『람짜리뜨마나스』(*Ramacaritamanas*)를 썼고 이 지역어 라마야나는 북부 인도의 바이블로 여겨진다.

9 종교의식이나 환영식에서 신이나 환영 받는 사람의 얼굴 주위를 장뇌– 등으로 둥글게 돌리는 의식이나 장뇌나 등을 놓는 기구 또는 이때 읊는 찬양.

이 도시를 급히 보아라

경이롭다, 이 도시의 짜임은

이것 절반은 물에 있다

절반은 주문에

절반은 꽃에

절반은 시체에

절반은 졸음에

절반은 소라에

주의 깊게 바라보면

이것은 절반이고

절반은 아니다

존재하는 것은 서 있다

아무 기둥도 없이

존재하지 않는 것은 잡고 있다

재와 빛의 높디 높은 기둥들

불의 기둥들

그리고 물의 기둥들

연기의

향의
인간의 올린 손의 기둥들

이 도시는
어떤 보이지 않는 태양에게
수세기 전부터 이렇게
제물을 바치면서
갠지스강의 물에
자신의 한 다리 위에 서 있습니다
다른 다리에 관해서는
아무 것도 모른 채

(1983)

— 모래의 스침

수년 후에
오늘 갠지스강가에서 목욕했다
한참 동안

마음껏 가라앉아 — 밑으로 내려갔다
새처럼
한 모금 한 모금 물을 마셨다
영혼이 한참 동안
깊고 끝없는 물과 대화했다
몸이 좋게 느꼈다 물
아주 아주 좋게 느꼈다
차고 찬 물
성스런 물
물고기의 냄새로 씻고
더 많이 신성해졌다

물에서 나와서
앉아 있었다 모래에
젖은 몸

모래의 아주 뜨거운

타월로 닦았다

모래의 스침

아주 아주 좋았다

생각했다 한참 동안

결국 아주 작은 입자들의 빛남

그리고 초조함 외에

무엇이 있느냐

무엇이 있나 모래에

인간을

해준다

이렇게 황홀하게!

(1988)

해설

께다르나트 싱은 자신의 대표작 「바나라스」에서 힌두교의 최대 성지로 널리 알려진 바나라스의 독특한 분위기를 한 폭의 그림에 담듯이 차분히 묘사한다. 그런데 시인은 마지막에 '다른 다리'의 암시성을 통해 정신적, 종교적 나라로 알려진 인도의 참된 '인도다움'(Indianness)을 인도인의 현실 삶에 찾고 있다. 그는 이 시에서 사실주의적 접근으로 인도 현실을 인식하고 그 현실인식을 바탕으로 인도문학에서 '인도다움'을 보여주려고 했다. 그래서 그는 중세 인도에서 계급, 성, 종교의 차별을 부정하면서 인도 사회의 개혁을 주장했던 성자 시인 까비르다스의 탄생지를 언급하면서 이 시를 시작한다. 또한 원숭이를 신으로 생각하고 숭배하지만 걸인에게는 몹시 인색한 모순된 인도 현실을 대조적으로 묘사한다. 이것은 인도문학에서 '인도다움'을 인도의 정신적인 것, 사상적인 것에서 탐색하는 많은 인도 시인들의 신(新)신비주의적 경향과 다른 것으로 인도문학의 정체성 구축에 새로운 차원을 부여한 것으로 평가할 수 있다.

बनारस

इस शहर में बसन्त
अचानक आता है
जब आता है तो मैंने देखा है
लहरतारा या मुड़वाडीह की तरफ़ से
उठता है धूल का एक बवंडर
और इस महान पुराने शहर की जीभ
किरकिराने लगती है

जो है वह सुगबुगाता है
जो नहीं है वह फेंकने लगता है पचखियाँ
आदमी दशाश्वमेध पर जाता है
और पाता है घाट का आख़िरी पत्थर
कुछ और मुलायम हो गया है
सीढ़ियों पर बैठे बन्दरों की आँखों में
एक अजीब-सी नमी है
और एक अजीब - सी चमक से भर उठा है
भिखारियों के कटोरों का ख़ालीपन

तुमने कभी देखा है
ख़ाली कटोरों में बसन्त का उतरना !
यह शहर इसी तरह खुलता है
इसी तरह भरता
और ख़ाली होता है यह शहर
इसी तरह रोज़-रोज़ एक अनन्त शव
ले जाते हैं कंधे
अँधेरी गली से
चमकती हुई गंगा की तरफ़

इस शहार में धूल
धीरे-धीरे उड़ती है
धीरे-धीरे चलते हैं लोग
धीरे-धीरे बजते हैं घंटे
शाम धीरे-धीरे होती है

यह धीरे-धीरे होना
धीरे-धीरे होने की एक सामूहिक लय

दृढ़ता से बाँधे है समूचे शहर को
इस तरह कि कुछ भी गिरता नहीं है
कि हिलता नहीं है कुछ भी
कि जो चीज़ जहाँ थी
वहीं पर रखी है
कि पानी वहीं है
कि वहीं पर बँधी है नाव
कि वहीं पर रखी है तुलसीदास की खड़ाऊँ
सैकड़ों बरस से

कभी सई-साँझ
बिना किसी सूचना के
घुस जाओ इस शहर में
कभी आरती के आलोक में
इसे अचानक देखो
अद्भुत है इसकी बनावट
यह आधा जल में है
आधा मंत्र में

आधा फूल में है

आधा शव में

आधा नींद में है

आधा शंख में

अगर ध्यान से देखो

तो यह आधा है

और आधा नहीं है

जो है वह खड़ा है

बिना किसी स्तम्भ के

जो नहीं है उसे थामे हैं

राख और रोशनी के ऊँचे-ऊँचे स्तम्भ

आग के स्तम्भ

और पानी के स्तम्भ

धुएँ के

ख़ुशबू के

आदमी के उठे हुए हाथों के स्तम्भ

किसी अलक्षित सूर्य को
देता हुआ अर्घ्य
शताब्दियों से इसी तरह
गंगा के जल में
अपनी एक टाँग पर खड़ा है यह शहर
अपनी दूसरी टाँग से
बिलकुल बेख़बर

— बालू का स्पर्श

बरसों बाद
आज गंगा में नहाया
देर तक

ख़ूब डूबा- उतराया
एक पक्षी की तरह
घूँट-घूँट जल पिया
आत्मा ने देर तक
गहरे अथाह जल से बातें की
देह को अच्छा लगा जल
ख़ूब-ख़ूब अच्छा लगा
ठण्डा-ठण्डा जल
पवित्र जल
जो मछली की गन्ध से धुलकर
और भी ज़्यादा पवित्र हो गया था

जल से निकलकर
बैठा रहा रेती पर

गीली देह को

बालू के गरम- गरम

गमछे से पोंछा

अच्छा लगा बालू

बालू का स्पर्श

बहुत-बहुत अच्छा लगा

सोचता रहा देर तक

आख़िर छोटे- छोटे कणों की लहक

और छटपटाहट के अलावा

क्या है

क्या है बालू में

जो आदमी को कर दे

इतना विभोर !

IV

1980년대 이후 께다르나트 싱

— 대지

그는 결정했다 목수에게 갈 것이라고
그리고 대화를 시작할 것이다
잎들이 떨어지고 있다 그리고 지금 그의 끌이
조금도 움직이지 않게 결정될 수 있다

붉은 돌처럼 느껴진다 대지가
그가 처음으로 보았을 때
그리고 그는 기억난다 바로 이 계절이다
나무가
가장 고통스러운
책상과 의자가 되려고

만약 지금 나무를
나무라고 말하는 것이 부정직하다고 느낀다면---
그리고 분명하게 느낀다 그가 생각했다
그렇다면 그것을 신선한 톱밥의 차가운 향기라고 말하는 데에
어떤 반대도 없다고

이것은 짐승이 계절이다
즉 전력을 다해
대지를 대지
그리고 삽을 삽이라고 말하는 계절
뿌리들
염소의 젖무덤이
뜨거워지기를 기다린다.

처음에 세상이
한 젖무덤처럼 느껴질 것이다 그가 생각했다
그리고 그가 말했다 아무 일도 아니다
그는 오늘도 한 짐승처럼 확고하게
그리고 아름답게 보인다

그가 한 여인에 대해 생각했다
그가 한 나무의 등을 두들겼다
그가 느꼈다 그도 풀을 뜯어야만 한다고
마치 말이 풀을 뜯듯
여기에 부끄러워해야 할 것이 전혀 없었다

대지가 자신의 옷을 벗고 있었다
바람에 한 야릇한 한기가 있었다
거기에 대지의 갈색이 섞여 있었다

대지가 익고 있다 그가 말했다
그리고 그는 느꼈다 이것은
토끼의 동굴까지 알려줘야만 하는 그러한 소식이다

이제 그것을 찾는 것은 소용없다
무선으로 소식이 그를 대지 안에서 찾고 있었을 때
그 읍내의 초입에 한 완두콩 한 알이 밖에 서 있었다
그리고 그것에 붙은 땅은 자신의 손톱으로 긁고 있었다

그는 한없이 놀랬다 그가 보았을 때
토끼의 동굴에 대지가 없었다

그는 결정했다 그가 하루
칼 한자루를 가져올 것이다 그리고 대지를 정가운데로
감자처럼 잘라줄 것이다

그는 대지의 향기를 재봉사에게 가져갈 것이다
그리고 말할 것이다—'바느질을 하오'

그는 그 여인에게 갈 것이다
그리고 말할 것이다—채소가 익지 않았더라도
괜찮다
대지가 익고 있다

그의 정면에 말의 등처럼
펼쳐져 있다 대지가
대지는 다만 대지처럼 느껴지고 있었다

다만 대지였다
그리고 대지가 익어간다
마치 읍내에서 고기가 익어가듯이

(1980)

— 짐승

자네는 본 적이 있는가
짐승의 움직임의 위엄을
아니라면 나에게 오게
그리고 여기에서 보라
저기에 가득 한 정오에
떨어지는 잎 아래로
가고 있다, 한 짐승이

이것은 그가 가는 소리이다
잎에서
청동처럼 소리 나고 있다.

보라, 보라
그의 등에 보이고 있다
아마도 귀가
아마도 목이
아마도 목 가까이 줄이
아마도 아무 것도
단지 한 폭력적인 광채가

잎들의 부딪힘으로 나오고 있다
나는 그것을 짐승의 눈이라고 말할 것이다
자네가 원하면 잎들 사이로
바람이 지나가는 것이라고 말할 수 있을 거다

자네는 무엇을 하는가
자신의 외로움의?
짐승은 그것으로 논다
보라 보라 얼마나 멋지게
자신의 외로움을 자르며 찢으며
가고 있다 짐승이
거기에 외로움이
한 턱이다
잇몸과 이들이다 외로움
외로움이 그것의 등에
뜨거운 피와 같이 가득 차 있다

자신의 지겨움
그리고 자유를 모른 채

가고 있다 짐승이

그리고 가득찬 정오에

한 완전한 위엄이

떨어지는 잎 아래

완전히 파괴되고 있다

(1980)

— 기근에 두루미들

대낮 세시에
그들은 왔다.
그들이 왔을 때
이렇게도 두루미들이 올 수 있다고
누구도 생각조차 하지 못했다.

하나가 오고 또 오고
그들은 무리 지어 무리 지어
서서히 서서히 왔다.
서서히 서서히 뒤덮었다
전 하늘을
서서히 서서히 그들의 울음소리로 가득 채웠다
전 도시를

그들은 늦게까지 계속
도시를 배회했다
늦게까지 지붕과 베란다 위를
그들의 깃에서 떨어지고 있었다
벼의 메마른

잎 내음이

갑자기
한 할머니가 그들을 보았다
틀림없어, 분명히
물을 찾아 왔을 거야
그녀는 생각했다
그녀는 부엌에 갔다
그리고 마당 한 가운데에
가져다 놓았다
물이 가득한 대접을

그러나 두루미들은
여전히 계속
도시를 배회했다
그들은 할머니도
물이 가득한 대접도
보지 않았다

두루미들은 알지 못했다
그들을 두루미라고 부르는
사람들이 밑에 산다는 것을

물을 찾아서
먼 타국에서 왔다 그들은

물을 찾아서
먼 타국까지 가야 한다 그들은

그래서, 그들은 머리를 들고
한 번 뒤를 보았다
그들의 시선에 무엇이 있었는지 알 수 없다
동정인지 증오인지
그러나 가면서 한 번
그들은 도시 쪽으로 돌아서
보았다 분명히

다시 공중에서

깃을 털면서
멀리 멀리 서서히 서서히
사라졌다,
두루미들은.

(1988)

— 왕관처럼

한 왕관처럼
대지의 이마에
한 왕관처럼
날아가고 있었다 새들이

멀리서 보았다
그리고 나는 바로 거기에서 소리쳤다
축하한다
대지여, 축하한다.

(1988: 97)

— 삼라만상에 대한 경계

뿌리들의 비틀거림 나막신을 신고
그는 정면에 서 있다
경계의 보초
마치 묵띠보드[10]의 브라흐마귀신처럼—
한 메말라가는 키 큰 나무
그 꼭대기에서 흔들거리고 있던
서너 잎

얼마나 장대했는가
한 메말라가는 우듬지에
다만 서너 잎이 흔들리는 것이

그 험난한 가뭄에
삼라만상을 경계하고 있었다
서너 잎이

(2014)

---

10 '묵띠보드'(Gajanan maclhar 'Muktibodh', 1917 - 64)는 독립 이후 인도시단을 대표하는 시인으로 대표작 중에 하나가 '브라흐마귀신'이다. 브라흐마귀신은 브라만(사제계급)으로 태어났지만 해탈하지 못하고 귀신이 된 영이다.

— 해설

1990년대 이후 인도문학의 흐름을 공부하려고 서문을 써주신 K. Satchidanada교수의 영어 발표문을 구해서 읽은 적이 있다. 그리고 인도문학의 강력한 경향 중에 하나가 생태학적 의식이라는 것을 알게 되었다. 1973년에 시작된 '칩꼬 운동'(Chipko Movement)과 1980년대 '나르마다 살리기 운동'(Narmada Bachao Andolan) 등 인도의 대표적인 환경운동을 생각할 때 자연스런 문학적 현상이라고 할 수 있다. 역자가 전공한 힌디어에서 생태학적 의식이 표출된 작품을 찾다가 발견하게 된 시가 께다르나트 싱의「기근에 두루미들」이다.

「기근에 두루미들」에서 극심한 기근때 대낮 세 시, 물을 찾아 날아온 두루미 떼가 늦게까지 도시를 계속 배회하고 있는 것을 우연히 본 할머니가 물을 담은 대접을 마당 한 가운데 갖다 놓는다. 그러나 새는 물을 보지 않고 그냥 날아가 버린다. 시인은 인간과 자연의 공존이 아직 성립되지 않았음을 암시하고 있다. 그는 근본적으로 대지에 존재하는 인간과 자연의 모든 생명체가 공존해야 된다는 신념을 가지고 있었다. 그의 생태학적 의식은 바로 이러한 신념에서 나온 것이었다. 그의 지속적인 생태학적 관심은 그의 생전 마지막 시집의 제목이『삼라만상에 대한 경계』라는 것을 보아도 알 수 있다.

— ज़मीन

उसने तय किया वह बढ़ई के पास जायेगा
और बातचीत शुरू करेगा
पत्ते गिर रहे हैं और इस समय उसकी रुखानी का
ज़रा-सा हिलना भा निर्णायक हो सकता है

लाल पत्थर की तरह लग रही थी ज़मीन
जब उसने पहली बार देखा
और उसे याद आया यही मौसम है जब पेड़
सबसे ज़्यादा परेशान होते हैं
मेज़ और कुर्सियाँ बनने के लिए

अगर इस समय पेड़ को
पेड़ कहना बेमानी लगता है-
और ज़ाहिर है कि लगता है उसने सोचा-
तो उसे ताज़ा बुरादे की ठण्डी ख़ुशबू कहने में
कोई हर्ज़ नहीं

यह पशुओं के बुख़ार का मौसम है

यानी पूरी ताक़त के साथ
ज़मीन को ज़मीन
और फावड़े को फावड़ा करने का मौसम
जब जड़ें
बकरियों के थनों की
गरमाहट का इंतज़ार करती हैं

शुरू में दुनिया
एक थन की तरह लगती होगी उसने सोचा
और उसने कहा कोई बात नहीं
वह आज भी एक जानवर की तरह ठोस
और ख़ूबसूरत दिखती है

उसने एक औरत के बारे में सोचा
उसने एक दरख़्त की पीठ थपथपाई
उसने महसूस किया उसे भी चरनी चाहिये घास
जैसे घोड़े चरते हैं
इसमें शर्म की कोई बात नहीं

ज़मीन अपने कपड़े उतार रही थी
हवा में एक अजीब-सी ठंड थी
जिसमें ज़मीन का कत्यईपन मिला हुआ था

ज़मीन पर रही है- उसने कहा
और उसे लगा यह एक ऐसी ख़बर है
जो खरहों की माँद तक पहुँचा देनी चाहिये

अब उसे खोजना बेकार था
जब बेतार के तार उसे ज़मीन के अंदर तलाश रहे थे
वह बस्ती के सिरे पर एक मटर के दाने के बाहर खड़ा था
और उससे सटी हुई मिट्टी अपने नाख़ूनों से खुरच रहा था

उसे बेहद हैरानी हुई जब उसने देखा
खरहों की माँद में ज़मीन नहीं है !

उसने तय किया वह एक दिन
एक चाक़ू लायेगा और ज़मीन को बीचोबीच

आलू की तरह चीर देगा

वह ज़मीन की महक दर्ज़ी तक ले जायेगा
और कहेगा-'सिलो'

वह उस औरत के पास जायेगा
और कहेगा-सब्ज़ी अगर नहीं पकती
तो कोई बात नहीं
ज़मीन पक रही है

उसके सामने घोड़े की पीठ की तरह
फैली हुई थी ज़मीन
ज़मीन सिर्फ़ ज़मीन की तरह लग रही थी

सिर्फ़ ज़मीन थी
और ज़मीन का पकना था
जैसे बस्ती में गोश्त पर रहा हो।

— जानवर

तुमने कभी देखी है
जानवर की चाल की गरिमा
अगर नहीं तो मेरे पास आओ
और यहाँ से देखो
वहाँ भरी दोपहरी में
झड़ते हुए पत्तों के नीचे
चला जा रहा है एक जानवर

यह उसके चलने की आवाज़ है
जो पत्तों में
पीतल की तरह बज रही है

देखो देखो
उसके पुट्ठे दिखायी पड़ रहे हैं
शायद कान
शायद गर्दन
शायद गर्दन के पास की धारियाँ
शायद कुछ नहीं
महज़ एक हिंस्र चमक

जो पत्तों की रगड़ से पैदा हो रही है
मैं उसे जानवर की आँख कहूँगा
तुम चाहो तो पत्तों के बीच से
हवा का गुज़रना कह सकते हो

तुम क्या करते हो
अपने अकेलेपन का ?
जानवर उससे खेलता है
देखो देखो कितनी शान से
अपने अकेलेपन को चीरता-फाड़ता
चला जा रहा है जानवर
वहाँ अकेलापन
एक जबड़ा है
मसूढ़ा और दाँत है अकेलापन
अकेलापन उसके पुट्ठों में
गर्म ख़ून की तरह भरा है

अपनी ऊब

और आज़ादी से बेख़बर

चला जा रहा है जानवर

और भरी दोपहरी में

एक समूची गरिमा

झड़ते हुए पत्तों के नीचे

तहस-नहस हो रही है

— अकाल में सारस

तीन बजे दिन में
आ गये वे
जब वे आये
किसी ने सोचा तक नहीं था
कि ऐसे भी आ सकते हैं सारस

एक के बाद एक
वे झुंड के झुंड
धीरे-धीरे आये
धीरे-धीरे वे छा गये
सारे आसमान में
धीरे-धीरे उनके क्रेंकार से भर गया
सारा का सारा शहर

वे देर तक करते रहे
शहर की परिक्रमा
देर तक छतों और बारजों पर
उनके डैनों से झरती रही

धान की सूखी
पत्तियों की गन्ध

अचानक
एक बुढ़िया ने उन्हें देखा
ज़रूर ज़रूर
वे पानी की तलाश में आये हैं
उसने सोचा

वह रसोई में गई
और आँगन के बीचोबीच
लाकर रख दिया
एक जलभरा कटोरा

लेकिन सारस
उसी तरह करते रहे
शहर की परिक्रमा
न तो उन्हेंने बुढ़िया को देखा
न जलभर कटोरे को

सारसों को तो पता तक नहीं था
कि नीचे रहते हैं लोग
जो उन्हें कहते हैं सारस

पानी को खोजते
दूर-देसावर से आये थे वे

पानी को खोजते
दूर-देसावर तक जाना था उन्हें

सो, उन्होंने गर्दन उठाई
एक बार पीछे की ओर देखा
न जाने क्या था उस निगाह में
दया कि घृणा
पर एक बार जाते-जाते
उन्होंने शहर की ओर मुड़कर
देखा ज़रूर

फिर हवा में

अपने डैने पीटते हुए

दूरियों में धीरे-धीरे

खो गये सारस

— एक मुकुट की तरह

पृथ्वी के ललाट पर
एक मुकुट की तरह
उड़े जा रहे थे पक्षी

मैंने दूर से देखा
और मैं वहीं से चिल्लाया
बधाई हो
पृथ्वी, बधाई हो !

— सृष्टि पर पहरा

जड़ों की डगमग खड़ाऊँ पहने
वह सामने खड़ा था
सिवान का प्रहरी
जैसे मुक्तिबोध का ब्रह्मराक्षस-
एक सूखता हुआ लम्बा झरनाठ वृक्ष
जिसके शीर्ष पर हिल रहे थे
तीन-चार पत्ते

कितना भव्य था
एक सूखते हुए वृक्ष की फुनगी पर
महज़ तीन-चार पत्तों का हिलना

उस विकट सुखाड़ में
सृष्टि पर पहरा दे रहे थे
तीन-चार पत्ते।

V

1980년대 이후 께다르나트 싱

— 잠자리

잠자리에서 지나갔다 온 밤이
주인이여 결코 푹 자지 않았다
— 뚤시다스

그것을 깔아준 후에
대지 위에 남아 있는
그 많은 모든 장소를
내 언어로
말한다 세상

그러나 이렇게 보아라
그러면 이 세상도 무엇인가
그 위에서 아무도 자지 않는
한 펼쳐진 끝없는 잠자리 외에

어느 아침
한 긴 악몽으로 가득한 밤 이후
내 손이 바로 나를 찾으면서
잠자리에서 일어났다 그리고 알았다

내 머리가
내 어깨 위에 아직도 존재하고 있다는 것을

나는 생각했다 이것을 위해
나는 무엇인가
분명히 감사해야 한다
그러나 무엇을?

아침에 싸늘하고 신선한 바람이
다시 바로 그 잠자리의
그것을 펼치는 데만 지나갔었다
성자 뚤시다스의 온 밤이

이제 말한들
누가 믿을 것인가
모든 잠자리가
다시 집에 펼쳐졌다고
혹은 도보 위에
세상의 가장 성스러운 장소

대지에서 잘린 훔쳐진 한 장소

그 곳에 두 사람이 잔다

태양을

자신의 머리맡에 놓고서

그러나 이제 이것은 무엇인가

살갗과 잠자리 사이에

고통으로 가득한 긴 투쟁 후에

나는 알았다

내 등이

내 가장 신뢰할 잠자리라는 것을.

(1995)

— 오늘 시장 가격

병아리콩은 슬프다
밀은 뜨겁다

쌀은 조용하다
콩류에는 비등

아연이 깨졌다
금은 강력하다

양파는 펄떡 뛰었고
쿠민은 지치고

고기에 불안
양념들에 활기

고객은 눈살을 찌푸리고
통치는 말이 없다

단지 한 마리 까마귀가

말한다 바람에

깍-깍

깍-깍

깍-깍…

(1995)

— 도하[11] 세 수

말이 없다 모든 방언들이, 열린 입술들이 정지된
시인이여 아주 꽉 잡아라, 날아가고 있다 단어들이.

펜을 버려두어 책상에, 종이를 놔두어라 문에
온 세상이 가고 있다, 시인이여 가라 시장으로.

청중도 한참 전에 일어났고, 독자는 가버렸다 외국으로
시인이여 와라 집으로 떠나서, 밤이 되었다 이 나라가.

(2005)

---

11 중세 인도문학을 대표하는 모음율격의 2행시.

— 낙타 장수 이브라힘 미양

가끔 이상한 전화가 온다
사람에게서
바로 어제 일이다
정오의 졸음에 빠져 있는데
마치 전화가 지르릉거리는 것 같았다
내가 수화기를 들었다
그리고 알았다 상대 편이 아버지의 음성이다
세상을 떠나가신 바로 그분
3년 전에

음성은 얼마나 분명했는지
그리고 얼마나 친밀했는지
어떤 다른 사람의 음성이라는
것은 도저히 가능하지 않았다
내 아버지 외에
그래서, 나는 아버지가 말씀하고 계시다고 느꼈다
밤새 아주 흉흉한 소식들이
오고 있다 구즈리뜨[12] 에서

---

12 2002년 힌두-무슬림 사이에 폭동이 있었고 무슬림 대학살이 일어났던 주 이름.

가라 그리고 묻고 와라 이브라힘 미양의
근황을

이브라힘 미양!
나는 몇 초 걸렸다
그분의 얼굴을 기억하는 데에
먼저 기억 났다 그의 낙타가
기억 났다 그 긴 빙 도는 운율
그것은 단지 한 낙타가 걸을 때 있다
다시 기억 났다 아이들이
내달렸다 낙타의 뒤를
그리고 물었다 이브라힘 미양이게
한 경이로운 질문 —
'이브라힘 미양! 이브라힘 미양!
당신의 낙타는 수연통으로 담배 핍니까?'
그리고 생각에 빠져 버렸다 나는
낙타가 도대체 수연통과 무슨 일이?
다시 내 마음이 말했다 어디엔가 분명히
무엇인가 분명히

그것을 레누*에게서 언어를 빌어와 말할까 —
그럼 낙타에게서 빼주어라
그것은 황실 수연통처럼 보일 것이다
수연통에 더해주어라
그럼 그것은 낙타처럼 느낄 것이다.

그러나 무엇이든지 간에
그것은 아버지의 명령이었다
그리고 어찌 되었든 나는 도착해야만 했다
이브라힘 미양에게
아버지의 친구이었고
완전히 첫 번째 학교의 친구
그래서 나는 일어나 떠났다
그 읍내를 찾아서
어떻게 그리고 얼마나 시간이 걸렸는지
거기에 도착하는데
상세한 데에 가지 않을 것이다

---

* '레누'(Phanishwar Nath 'Renu', 1921-1977) 지역소설로 1950년대를 대표했던 소설가

요약하면 그럭저럭 도착은 했다
그 자그마한 읍내의 그 문 앞에
거기에서 가장 먼저 한 새끼양을 만나다
그 양은 어려운 때에도
뛰고 있었다 밖에서
그리고 한 암염소를 만났다
그 암염소는 정확하게 바로 거기에 묶여 있었다
언제인가 서 있었다 낙타가
마지막에 이브라힘 미양을 만났다.

낙타가 암염소로 어떻게 바뀌었지요?
묻고 싶었다 나는
그러나 내가 스스로를 억제했다
다시 아버지를 언급했다
그리고 천천히 물었다 —
'어떻게 지내세요 이브라힘 미양?'

그분은 한참 물끄러미 보고 있었다, 나를
다시 말했다 —

말해달라 아버지에게 모두 괜찮다고
공기가 있고
물이 있고
읍내 밖에 한 자그마한 묘지가 있다
모두 괜찮다!"

이제 당신이 말해주시기를
나는 돌아오기는 했다 이브라힘 미양과 만나고
그러나 어떻게 그리고 무엇을 알려드릴지
지금도 내 대답을 기다리고 계실
내 돌아가신 아버지에게.

(2005)

해설

1990년대 인도에서 가장 큰 변화는 경제적으로 신경제정책 도입이라면 정치적으로는 힌두근본주의 세력의 급격한 부상이라고 할 수 있다.

시인은 인도가 혼합경제체제에서 세계 자본주의에 편입되는 변혁기를 보내면서 경제 문제를 많이 다루었다. 그 중에서「잠자리」는 역자에게 특별한 느낌으로 다가왔다. 1976년 유학시절에 ICCR(Indian Council for Cultural Relations)이 외국인 학생들을 위해 마련한 버스여행을 마치고 한 밤에 짠디가르(Chandigarh)에서 뉴델리 숙소로 돌아오고 있었다. 창밖으로 수많은 사람들이 길거리에 잠들어 있는 것을 보고 큰 충격을 받았었다. 이「잠자리」를 읽으면서 다시 그 장면이 생각났고, 우리나라도 이런 비슷한 상황에 놓여있다는 생각에 마음이 무겁고 아팠다.

1992년 아요댜(Ayodhya)사태 이후 힌두-무슬림 간의 갈등은 악화되어 갔다.「낙타장수 이브라힘 미얀」은 2002년 구즈라뜨 학살사건을 배경으로 하고 있다. 낙타장수의 이름이 이브라힘 미얀이라는 것만 보아도 그가 무슬림이라는 것을 알 수 있다. 이브라힘 미얀이 시인의 아버지의 어린 시절 친구이니 이전에는 이런 종파갈등으로 인한 차별 감정이 없었다는 것을 암시한다. 이브라힘 미얀이 모든 것에 초탈한 채 읍내 밖에 자그마한 묘지가 있다고 언급하는 것을 통해 힌두-무슬림의 갈등에서 죽음으로 내몰리는 무슬림들의 희생을 역설적으로 암시하고 있다.

— बिस्तर

डासत ही गयी बीति निशा सब
कबहुँ न नाथ नींद भर सोयो
-तुलसीदास

उसे बिछा देने के बाद
पृथ्वी पर जो बच रहती है
ढेर सारी जगह
मेरी भाषा में उसी को
कहते हैं दुनिया

पर इस तरह देखो
तो यह दुनिया भी क्या है
एक फैले अछोर बिस्तर के अलावा
जिस पर कोई नहीं सोता !

एक सुबह
एक लंबी दुःस्वप्नभरी रात के बाद
मेरे हाथ जैसे मुझी को खोजते हुए
बिस्तर से उठे और मैंने पाया

मेरा सिर
मेरे कंधों पर अब भी मौजूद है

मैंने सोचा इसके लिए
मुझे किसी-न-किसी का
कृतज्ञ ज़रूर होना चाहिए
पर किसका ?

सुबह की ठंडी ताज़ी हवा का
या फिर उस बिस्तर का ही
जिसे बिछाने में ही बीत गई थी
संत तुलसीदास की सारी रात

अब यदि कहूँ भी
तो कौन करेगा विश्वास
कि हर बिस्तर
फिर वह घर में बिछा हो
या फुटपाथ पर
दुनिया की सबसे पवित्र जगह है

पृथ्वी से काटकर चुराई गई एक जगह
जहाँ दो जन सोते हैं
सूरज को
अपने सिरहाने रखकर

पर अब इसका क्या हो
कि खाल और बिस्तर के बीच
एक पीड़ा-भरे लंबे संघर्ष के बाद
मैंने पाया है
कि मेरी पीठ
मेरा सबसे भरोसे का बिस्तर है।

— आज का बाज़ार भाव

चना उदास

गेहूँ गरम

चावल चुप

दालों में उबाल

जस्ता टूटा

सोना मज़बूत

प्याज़ उछला

जीरा सुस्त

गोश्त में बेचैनी

मसालों में हलचल

गाहक भौंचक्का

शासन अवाक्

सिर्फ़ एक कौआ

बोलता है हवा में

क्राक

क्राक

क्राक ...

— तीन दोहे

हैं अवाक् सब बोलियाँ, खुले होंठ निस्तब्ध
कवि जी पकड़ो ज़ोर से, उड़े जा रहे शब्द।

क़लम छोड़ दो मेज़ पर, काग़ज़ रख दो द्वार
सारी दुनिया जा रही, कवि जी चलो बज़ार।

श्रोता कब के उठ गए, पाठक चले विदेश
कवि जी आओ घर चलें, रैन भई एहि देस।

— इब्राहिम मियाँ ऊँटवाले

कभी-कभी विचित्र फ़ोन आते हैं
आदमी के पास
अभी कल ही की बात है
दोपहर की झपकी में लगा
जैसे फ़ोन घरघरा रहा है
मैंने चोंगा उठाया
और पाया दूसरी तरफ़ पिता की आवाज़ है
वही जो चले गए थे दुनिया से
तीन साल पहले

आवाज़ इतनी साफ़ थी
और इतनी आत्मीय
कि वह हो ही नहीं सकती थी
किसी और की आवाज़
मेरे पिता के सिवा
सो, मुझे लगा वे कह रहे हैं —
रातभर बुरी-बुरी ख़बरें
आती रहीं गुजरात से
जाओ और पूछ आओ इब्राहिम मियाँ का
हालचाल

इब्राहिम मियाँ !

मुझे कुछ पल लगे

उनका चेहरा याद करने में

पहले याद आया उनका ऊँट

याद आया वह लम्बा-सा घुमावदार छन्द

जो सिर्फ़ एक ऊँट के चलने में होता है

फिर याद आए बच्चे

जो दौड़ पड़ते थे ऊँट के पीछे-पीछे

और पूछते थे इब्राहिम मियाँ से

एक अद्भुत सवाल —

'इब्राहिम मियाँ ! इब्राहिम मियाँ !

क्या आपका ऊँट हुक्का पीता है ?'

और सोच में पड़ जाता था मैं

कि ऊँट का भला हुक्के से क्या काम ?

फिर मेरा मन कहता था कहीं न कहीं

कुछ न कुछ है ज़रूर

जिसे — रेणु से भाषा उधार लेकरकहूँ —

तो ऊँट से घटा दो

वह शाही हुक्के की तरह दिखेगा

हुक्के में जोड़ दो
तो वह लगेगा ऊँट की तरह !

पर जो भी हो
वह पिता का आदेश था
और जैसे भी हो मुझे पहुँचना ही था
इब्राहिम मियाँ के पास
जो पिता के दोस्त थे —
एकदम पहली पाठशाला के दोस्त !
सो मैं उठा और चल दिया
उस बस्ती का तलाश में
कैसे और कितना समय लगा
वहाँ तक पहुँचने में
इस ब्यौरे में नहीं जाऊँगा
मुख़्तसर यह कि जैसे तैसे पहुँच ही गया
उस छोटी-सी बस्ती के उस ओसारे के सामने

जहाँ सबसे पहले एक मेमना मिला
जो इस कठिन समय में भी

उछल रहा था बाहर
फिर एक बकरी मिली
जो ठीक वहीं बँधी थी
जहाँ कभी खड़ा रहता था ऊँट
अन्त में इब्राहिम मियाँ मिले

ऊँट बकरी में कैसे बदल गया ?
पूछना चाहता था मैं
पर मैंने ख़ुद को रोका
फिर पिता का हवाला दिया
और धीरे से पूछा —
'कैसे हैं इब्राहिम मियाँ ?'

वे कुछ देर एकटक देखते रहे मुझे
फिर बोले —
कह देना पिता से सब ठीक-ठाक है
हवा है
पानी है

बस्ती के बाहर एक छोटा-सा क़ब्रिस्तान है
सब ठीक-ठाक है !

अब आप ही बताएँ
मैं लौट तो आया हूँ इब्राहिम मियाँ से मिलकर
पर कैसे और क्या सूचित करूँ
अपने दिवंगत पिता को
जो अब भी मेरे उत्तर की प्रतीक्षा में होंगे ?

Ⅵ

1980년대 이후 께다르나트 싱

— 베를린의 무너진 벽을 보고

3일이 되었다
내가 베를린에서 보지 못했다 까마귀를
그러나 왜 까마귀를?
이 인도 시인이 왜 필요한가 까마귀들이
이 아름다운 도시에서
까마귀가 없어도
하늘이 그만큼 푸른데

여기는 한 자그마한 호텔이다
거기에 우리 몇몇 인도와 파키스탄 작가들이
머물렀다 모두 함께
그리고 우리의 여권이 무엇을 말하든
여기 우리 중에 각 사람은 조금-조금 인도이고 조금-조금 파키스탄이다.
우리는 모두 함께 먹는다
마신다 모두 함께
웃고 웃다가 때때로 우울해지기도 한다.

이 모두 함께 웃는 것
슬퍼지는 것 모두 함께

한 얻기 어려운 경험이다
한 이국 땅에서

거기 밖에
내 창문으로 보인다
두 비행기는 마치 비둘기 두 마리
두 큰 전쟁 — 거기 벤치에 앉은 채
노인의 추억 속에 탕-탕 두들기면서
한 신선한 입맞춤이 어떤 입술에서 떨어져
거기 잔디 위에 나자빠져 있다

그러나 내 창문으로 보인다
베를린의 무너진 벽도
그리고 본다 그 사방으로
돌고 있다 한 정신 나간 여인이
언제부터인지 모른다
어디엔가 무엇이 있다 못과 같이
그녀의 영혼에 박혀 있다
멈추게 두질 않는다 그녀를

그리고 그녀는 자꾸-자꾸

오고 있다

가고 있다

저쪽에서 이쪽으로

그리고 이쪽에서 저쪽으로….

이쪽에 한 자그마한 모임에

듣고 있다 우리는 아흐마드 파라즈[13]를

어떤 새 가잘[14] 을 들려 주고 있다 그분이

흥겨워하고 있다 모두

흥겨워하고 있다 나도

그러나 내 눈이 창문 건너편

베를린의 그 무너진 벽에 머물렀다

거기에는 한 정신 나간 여인이 가잘을 가로지르며

돌고 있었다, 아직도 돌고 또 돌고

---

13 Ahamad Fraz(1931-2008), 파키스탄의 대표적인 시인.

14 가잘(Ghazal)은 우르두어-페르시아어의 시 형식 중에서 가장 까다로운 것으로 여겨지며 주로 사랑을 주제로 5-11수의 세르(Sher) 로 구성된다. 한 세르는 2 시각(詩脚)으로 이루어진 1행시이다.

마치 어떤 번개가 번득이고 가듯이
그 억눌린 기억이
마구 흔들어 대고 간다 나를
그리고 나는 어딘가 내 안에도 있다고 느낀다
한 정신 나간 여인이
그 여인은 문을 때리면서
그리고 벽을 긁어 대면서
바로 그렇게 돌고 있다
내 아대륙(亞大陸)의 거대한 지도에
언제부터인지 모른다

본다 가잘 사이에
어떤 미스라[15]를 잊고 있다 아흐마드 파라즈가
셰르와 다음 셰르 사이에
한 놀라운 정적이
가득 찬다 방에
그러나 나는 느낀다 내 안의 그 정신 나간 여인이
지금 한 벽 앞에 서 있다

---

15 미스라(Misarā). 시나 운율의 토대가 되는 셰르의 1 시각(詩脚) 또는 대귀(對句).

그리고 비명을 지르고 있다 — "이 벽이…
마침내 이 벽은
언제 무너질 것인가?"

이렇게 많은 해가 되었지만
가잘들로 가득 한 이 아대륙에서
나는 한 잊혀진 미스라를 지금도 기다리고 있다.

(2005)

— 장 폴 샤르트르의 묘지에서

수천 수만 잠자고 있는 묘지 중간에
그것은 살아 있는
유일한 묘지였다
누군가 방금 다녀갔다
한 신선한 꽃다발을 놓고
어제 시들은 꽃들 옆에
한 빨강 꽃 아래
한 누르스름한 전철 표도 놓여 있었다
그만큼 신선한

내 안내인이 웃으면서 말했다 —
돌아가는 표이지요
어떤 옛 친구가
놓고 갔을 것이다
잠에서 깨면
오라고!

나는 느꼈다 —
실존의 이것도 한 색깔이다

존재하지 않은 후에

샤르트르가 존재한다면

뭐라 말할까 이것을

생각하면서 호텔로 돌아가고 있었다 나는.

(2014)

— 발

걷는 것이 그의 언어이다
앉는 것은 그의 침묵

너는 알지 못한다
네가 집에서 발을 밖으로 디딜 때
어떤 벵갈어 발이 묻는다
힌디어 발에게 -
'당신은 어디에 가십니까'

한 애기 발이
처음으로 대지를
스치는 그 날에
그것이 울린다 오랫동안 전 세계에

세계화는
걷고 있는 발의
최초의 창조이다.

중국의 한 박물관에서

내가 수 세기 된 발 하나를 보았다.

그 발은 수백년 전부터 얼마나

걷고 있는지 그냥 쓰러진 채

긷다가 갑사기 너의 발이

빨리-빨리 걷기 시작한다면

알아두어라 그 두 발이 들었다

어떤 사슬의 철컥거리는…

때로 읽어라 주의 깊게 —

길에

쓰고서

발이 잊어버린

그 행들이 있다

(2014)

— 해설

2018년 3월 19일 께다르나트 싱 선생님이 돌아가셨다는 소식을 듣고 그를 추모하는 마음으로그에 관한 논문을 쓰기로 했다. 지난 1년 동안 그의 모든 시를 읽는 과정이 쉽지는 않았지만 새로운 시를 접하는 즐거움이 있어 무척 행복했다. 특히 눈에 띄는 작품은 2000년대 이후 발표된 중국, 베를린, 파리 등 세계를 아우르는 시들이었다. 이런 작품에는 그의 확대, 심화된 인식세계에서 나온 인간에 대한 따뜻한 애정이 여러 형태로 표현되어 있었다.

「베를린의 무너진 벽을 보고」에서 세상에 존재하는 많은 벽들이 무너져야 함을 파키스탄 시인 친구들과 교류를 통해 보여준다면 「장 폴 샤르트르의 묘지에서」에서는 먼저 세상을 떠난 친구에 대한 살아남은 친구의 깊은 우정이, 이 시선집에 수록되지 않았지만 8세기 중국의 2대 시인 「두보와 이백」(Tu Phu Aura Lī Pai)의 이야기를 통해 인간의 이상적 우정이 그려져 있다.

이런 시들의 배경에는 세계화가 있었다고 할 수 있다. 그런데 그가 중국의 한 박물관에 전시된 발을 보고 쓴 시 「발」에서 "세계화가/걷고 있는 발의/최초의 창조"라고 정의한 것을 보면 시인은 현재 진행되고 있는 세계화에 대해 긍정적이지 않았던 것 같다.

— बर्लिन की टूटी दीवार को देखकर

तीन दिन हुए
मैंने बर्लिन में देखे नहीं कौए
लेकिन क्यों कौए ?
इस भारतीय कवि को क्यों चाहिए कौए
इस सुन्दर शहर में
जबकि आसमान उतना ही नीला है
बिना कौओं के भी !

यह एक छोटा-सा होटल है
जहाँ हम कुछ हिन्द-पाक लेखक
ठहरे हैं साथ-साथ
और हमारे पासपोर्ट चाहे जो कहते हों
यहाँ हममें से हरेक थोड़ा-थोड़ा हिन्द है थोड़ा-थोड़ा पाक
हम साथ-साथ खाते हैं
पीते हैं साथ-साथ
हँसते-हँसते कभी-कभी हो जाते हैं उदास भी

यह साथ-साथ हँसना

उदास होना साथ-साथ
एक दुर्लभ अनुभव है
एक विदेशी ज़मीन पर

वहाँ बाहर
मेरी खिड़की से दिखते हैं
दो वायुयान जैसे दो कबूतर
दो महायुद्ध-वहाँ बेंच पर बैठे
वृद्धों की स्मृति में ठाँय-ठाँय करते हुए
एक ताज़ा चुम्बन किन्हीं होंठों से गिरकर
वहाँ घास पर पड़ा हुआ

पर मेरी खिड़की से दिखती है
बर्लिन की टूटी दीवार भी
और देखता हूँ कि उसके चारों ओर
लगा रही है चक्कर एक पागल स्त्री
न जाने कब से।
कहीं कुछ हैं कील की तरह
उसकी आत्मा में ठुँका हुआ

कि रुकने ही देता नहीं उसे
और वह बार-बार
आ रही है
जा रही है
उधर से इधर
और इधर से उधर...

इधर एक छोटी-सी महफ़िल में
सुन रहे हैं हम अहमद फराज़ को
कोई ताज़ा ग़ज़ल सुना रहे हैं वे
झूम रहे हैं सब
झूम रहा हूँ मैं भी
पर मेरी आँखें खिड़की के पार
बर्लिन की उस टूटी दीवार पर टिकी हैं
जहाँ वह पागल स्त्री ग़ज़ल को चीरती हुई
लगाए जा रही है अब भी चक्कर पर चक्कर...

जैसे कोई बिजली कौंध जाए
एक दबी हुई स्मृति

झकझोर जाती है मुझे
और मुझे लगता है कहीं मेरे भीतर भी है
एक पागल स्त्री
जो दरवाज़ों को पीटती
और दीवारों को खुरचती हुई
उसी तरह लगा रही है चक्कर
मेरे उपमहाद्वीप के विशाल नक़्शे में
न जाने कब से

देखता हूँ कि ग़ज़ल के बीच में
कोई मिसरा भूल रहे हैं अहमद फराज़
पिछले शेर और अगले के बीच का
एक अजब-सा सन्नाटा
भर गया है कमरे में
पर मुझे लगता है मेरे भीतर की वह पागल स्त्री
अब एक दीवार के आगे खड़ी है
और चीख़ रही है-"यह दीवार...
आख़िर यह दीवार
कब टूटेगी ?"

इतने बरस हुए

ग़ज़लों से भरे इस उपमहाद्वीप में

मुझे एक भूले हुए मिसरे का अब भी इंतज़ार है

— ज्यॉ पाल सार्त्र की क़ब्र पर

हज़ारों सोई हुई क़ब्रों के बीच
वह अकेली क़ब्र थी
जो ज़िन्दा थी
कोई अभी-अभी गया था
एक ताज़ा फूलों का गुच्छा रखकर
कल के मुरझाए फूलों की बग़ल में
एक लाल फूल के नीचे
मेट्रो का एक पीला-सा टिकट भी पड़ा था
उतना ही ताज़ा

मेरी गाइड ने हँसते हुए कहा —
वापसी का टिकट है
कोई पुरानी मित्र
रख गयी होगी
कि नींद से उठो
तो आ जाना !

मुझे लगा —
अस्तित्व का यह भी एक रंग है

न होने के बाद

होते यदि सार्त्र

क्या कहते इस पर

सोचता हुआ होटल लौट रहा था मैं।

— पाँव

चलना उनकी भाषा है
बैठना उनकी चुप्पी

तुम्हें पता भी नहीं चलता
जब तुम घर से बाहर रखते हो पाँव
कोई बांग्ला पाँव पूछता है
तुम्हारे हिन्दी पाँव से-
'आपनि कोथाय जाबेन'

एक शिशु-पाँव
जिस दिन पहली बार पृथ्वी का
करता है स्पर्श
वह गूँजता है देर तक पूरे भूमंडल में

भूमंडलीकरण
चलते हुए पाँवों की
आदिम सृष्टि है

चीन के एक म्यूज़ियम में
मैंने सदियों पुराना एक पाँव देखा था
जो न जाने कितने सौ वर्षों से
चल रहा था पड़े-पड़े

कभी चलते हुए अचानक
अगर तेज़-तेज़ चलने लगें तुम्हारे पाँव
समझना उन्होंने सुन ली है
किन्हीं ज़ंजीरों की झन्-झन्...

कभी पढ़ना ध्यान से-
रास्ते वे पंक्तियाँ हैं
जिन्हें लिखकर
भूल गए हैं पाँव

Ⅶ

1980년대 이후 께다르나트 싱

— 이 齒

그것은 아프던 내 이(齒)다
그것을 그 중국 의사가 뽑았다
그리고 놓아주었다 내 손바닥에

이것이 내 이인가?
나는 깊은 의구심으로 보았다 내 이를
다시 그것을 만졌다 조사하려는 듯이
그리고 쌀쌀함이 달음질 친다
전신에
다시 자연스레 친밀감이 들어
그것을 수건에 싼다
그리고 두었다 주머니에

밤새 생각하고 있었다
어떻게 하지 이것을
어떤 성인 또는 예언자의 이가 아니고
한 평범한 사람의 이
한 평범한 이였다 그것은!

기억이 났다-말씀하셨다 할머니는

뺀 이를 묻어 두어야 한다

어떤 물길 옆에

풀 뿌리에—

그것은 다시 나올 것이다

나는 할머니를 기억했다

마치 달에 앉아 있는 듯한

노파의 기억

그리고 이를 묻어 주었다

한 풀 뿌리에

안다 그것이 결코 나오지 않을 것이라는 것을

이제 65세도 넘었다

그리고 나의 모든 착각들은 하나씩 하나씩

이미 깨어졌다

그래도 다섯 번-일곱 번

그 쪽으로 지나갈 때

한 번 들여다보며 꼭 보아 두었다
혹시 내 이가 나오고 있지는 않았을까?

(2005)

— 도시 청소

아짜르여 하자리 쁘라사드 드위베디의 수필

「시리슈나무 꽃들」[16] 을 기억하면서

시리슈나무 꽃들이
빗자루로 쓸려 가고 있다
본다 이른 아침 모든 도보들을
가득 채워져 있었다
녹색-붉은 녹색의 꽃들로
바로 그것이 깔리다스[17]에게
매우 사랑스러웠던
그리고 큰 빗자루로
그것들의 미세한 향기
그리고 색깔들의 자그마한 섬모(纖毛) 함께
빨리 빨리 쓸어져 가고 있다
길 쪽으로

---

16 하자리 쁘라사드 드위베디(Hazari Prasad dwivedi, 1907-1979)는 시인의 바나라스 힌두 대학 재학 시절 스승이기도 하고 인도문학계의 대학자이기도 하다. 시리슈나무는 아주 부드러운 꽃이 피는 나무인데 그는 수필 「시리슈나무 꽃들」에서 시리슈나무의 부드러우면서도 강인한 특성을 서술하며 초탈할 수 있는 인물의 출현을 고대한다. 아짜르여(Acharya)는 대학자에게 붙이는 칭호이다.

17 깔리다스(Kaltdas, 4-5세기 추정)은 고대 인도문학의 최고봉.

그리고 길이 있다
그것은 꽃이 아니고
쓰레기를 실은 한 트럭을 기다린다
그것은 올 수 있다 어떤 순간에도

용서하세요 스승님
나는 원합니다 분명히
그러나 알지도 못하게 내 손이
하지 못하게 하는 자세로 섰다
그쪽으로
그러나 거기에서 진행되고 있는 것은
빗자루와 그 녹색과 붉은 녹색의 꽃들 사이에
그것을 멈추게 할 수 없다

진행되고 있는 것은
그 도시의 청소를 위해
무한히 필수적이다.

(1995)

— 서명

모래 위에 바람의
수많은 서명이 있었다
그리고 그것들을 보고 놀랐다
내 서명과
바람의 서명이 얼마나 비슷한지!

어떻게 된 것이지 이것이?
내가 바람을
모방했었나
또는 바람이 훔쳐갔는가
내 서명을?

둘 중에서
하나는 분명히
위조이어야 한다
나는 생각했다

그러나 이제 문제는
결정이 어떨지

그리고 된다면 어느 법정에서

어떤 서명이 위조인지

나의

또는 바람의?

(1995)

— 쓰레기 그리고 새 사이에 빠진 한 사랑-시

쓰레기 더미에

앉아 있는 그 새

새 이름이 무엇인가?

남자아이가 물었다 옆에 앉아 있는

여자아이에게

나는 모른다 —

여자아이가 대답했다

우리는 알아야만 한다

새 이름이 무엇인가 있을 것이다 분명히—

남자아이가 완전히 심각하게 말했다

그럼 다시 우리는 쓰레기의 이름도

알아야 할 것이다 —

여자 아이가 웃으면서 말했다

쓰레기에 어떤 이름이 없다 —

남자아이가 대답했다

다시 새 이름만이
왜 있기 시작했는가 도대체
만약 쓰레기의 이름이 없다면 —
여자아이도 아주 확고하게 말했다

남자아이는 느꼈다
질문은 어디엔가 쓰레기 그리고 새 사이에
얽혀져 가고 있었다
그래서 그가 제안했다 —
왜 아니야 누군가에게 물어보자

이것은 쓸데없다
전혀 쓸데없다
우리는 새의 마법에서 자유로워야 한다
쓰레기에서와 마찬가지로 —
여자아이의 제안이었다

아니다, 이것은 한 심각한 문제이다
우리는 알아야만 할 것이다 새 이름을

어떠한 것이든 —
남자아이의 고집이었다

얘, 우리가 새에게
총을 쏘지 못할까 —
여자아이가 질문했다

쏠 수 있어
그러나 그의 이름이
그래도 우리를 쫓아올 거야
그리고 아마도 평생 —
남자아이가 말했다

이것은 무시무시했다!
이것은 얼마나 무시무시한가 —
말하다가 여자아이는
비명을 지르면서 일어났다
마치 가려고 준비하듯

어디에 —

남자아이가 초조하게 물었다

여자아이는 아무 것도 말하지 않았다

단지 그 쪽으로 돌진했다

그쪽으로 길이 있었다

그가 보고 있는데 사라졌다

새는

이제 쓰레기를 절대적으로 존경하면서

부리로 쪼고 있었다

그리고 남자아이는 그쪽을 본다

자신이 생각하는

어떠한 어려운 자리에 놀라 멈추고

이렇게 앉아 있다

마치 새+쓰레기의 이름의 문제가

세상이 존재하는 것과

존재하지 않는 것에 관한 문제인 듯

(1995)

— 방향

히말라야가 어느 쪽에 있니
나는 물었습니다 학교 밖에서
연을 날리고 있었던 아이에게

저쪽이요 — 저쪽이요 — 말했다
그 아이는 연이 달아나고 있는 쪽을 향해

인정할까요
내가 처음으로 알았다는 것을
히말라야가 어느 쪽에 있는지!

(1980)

— 해설

역자가 학부와 대학원에서 담당한 과목 중에 하나가 "힌디문학사" 이었다. 역자는 10-14세기의 힌디문학사의 주요 텍스트를 아버지와 같으신 람싱 또마르(Ramsingh Tomar, 1922 - 2003) 지도교수님과, 그리고 15-18세기의 주요 텍스트는 사모님, 까니까 또마르(Kanika Tomar, 1928 - 1999) 교수와 함께 읽는 복을 누렸다. 또마르 선생님은 병상에서도 역사에게 델리의 마지막 힌두왕 쁘리트위라즈(Prithviraj)의 생애를 다룬 영웅서사시의 특성을 차분히 설명하여 주셨던 것을 잊지 못한다.

힌디문학사 강의 내용의 많은 부분은 시인이 「도시 청소」에서 언급한 하자리 쁘라사드 드위베디의 연구 업적에 근간을 두고 있다. 그분은 인도 문학과 사상에 관한 해박한 지식을 바탕으로 힌디문학사를 논리적으로 체계화한 힌디문학계의 거목 중에 거목이었다. 그분의 '인간이 목표'라는 인본주의적 관점과 '인도문학은 인도 사상 전통의 자연스런 발전'이라는 논리는 '이식론'에 익숙했던 역자에게 다른 시각에 대한 의식을 갖게 해 주었다.

네루대학 시절 은사이시며 현대 힌디문학계의 최고의 비평가로 평가 받는 남바르 싱(Namvar Singh, 1926-2019) 교수를 비롯하여 힌디문학계의 많은 학자들이 그분의 제자들이다. 그래서 "힌디문학사" 첫 시간에 주요 문학사가를 소개하면서 역자는 대학자 H. 드위베디의 손녀 학생이고 학생들은 증손 학생이니 자부심을 가지라고 흥분하면 이를 수긍하듯 미소 짓던 학생들을 잊을 수 없다.

— दाँत

वह मेरा दुखता हुआ दाँत था
जिसे उस चीनी डॉक्टर ने निकाला
और रख दिया मेरी हथेली पर

क्या यह मेरा दाँत है ?
मैंने गहरे सन्देह से देखा अपने दाँत को
फिर उसे छुआ मानो जाँचने के लिए
और एक झुरझुरी-सी दौड़ गई
पूरे शरीर में
फिर सहज आत्मीयता से
उसे रूमाल में लपेटा
और रख लिया जेब में

रास्तेभर सोचता रहा
क्या करूँ इसका ?
किसी पीर या पैग़म्बर का नहीं
एक मामूली आदमी का
एक मामूली-सा दाँत था वह !

याद आया-कहती थीं दादी
टूटे हुए दाँत को गाड़ देना चाहिए
किसी नाली के किनारे की
घास की जड़ में —
वह फिर से उग आएगा
मैंने दादी का स्मरण किया

जैसे चाँद में बैठी हुई —
बुढ़िया का स्मरण
और दाँत को गाड़ दिया
एक घास की जड़ में

जानता हूँ वह कभी नहीं उगेगा
वैसे भी अब पैंसठ के पार हूँ
और मेरे सारे भ्रम एक-एककर
टूट चुके हैं

फिर भी पाँचवे-सातवें
जब उधर से गुज़रता हूँ

एक बार झाँककर ज़रूर देख लेता हूँ

कि कहीं मेरा दाँत उग तो नहीं रहा !

— शरह की सफ़ाई

आचार्य हज़ारीप्रसाद द्विवेदी के निबंध
'शिरीष के फूल' का स्मरण करते हुए

शिरीष के फूल
झाड़ू से बुहारे जा रहे हैं
देखता हूँ सुबह-सुबह सारा फुटपाथ
पटा पड़ा है हरित-कपिश फूलों से
वही जो कालिदास को
इतने प्रिय थे
और एक बड़ा-सा झाड़ू
उनकी महीन ख़ुशबू
और रंगों के छोटे-छोटे रेशों समेत
उन्हें जल्दी-जल्दी बुहारे जा रहा है
सड़क की ओर
और सड़क है कि
उसे फूलों की नहीं
कचरे से लदे एक ट्रक की प्रतीक्षा है
जो आ सकता है किसी भी क्षण

क्षमा करें गुरुवर

मैं चाहता ज़रूर हूँ

बल्कि अनजाने ही मेरा हाथ

बरजने की मुद्रा में उठ गया है

उसी तरफ़

पर वहाँ जो हो रहा है

झाड़ू और उन हरित-कपिश फूलों के बीच

उसे रोक नहीं सकता

जो हो रहा है

वह शहर की सफ़ाई के लिए

बेहद ज़रूरी है।

— हस्ताक्षर

बालू पर हवा के
असंख्य हस्ताक्षर थे
और उन्हें देखकर हैरान था मैं
कि मेरा हस्ताक्षर
हवा के हस्ताक्षर से
कितना मिलता है !

कैसे हुआ यह ?
क्या मैंने हवा की
नक़ल की है
या हवा ने चुरा लिया है
मेरा हस्ताक्षर ?

दोनों में से
एक-न-एक को
जाली ज़रूर होना चाहिए
मैंने सोचा

पर अब सवाल यह था

कि तय कैसे हो

और हो तो किस अदालत में

कि कौन-सा हस्ताक्षर जाली है

मेरा

या हवा का ?

— कूड़ा और चिड़िया के बीच फँसी एक प्रम-कविता

कूड़े के ढेर पर
वो जो बैठी है चिड़िया
उसका नाम क्या है ?
लड़के ने पूछा उस लड़की से
जो उसकी बग़ल में बैठी थी

मुझे पता नहीं —
लड़की ने कहा

हमें पता करना चाहिए
उसका कुछ-न-कुछ नाम होगा ज़रूर —
लड़के ने पूरी गंभीरता से कहा

फिर तो हमें कूड़े का भी नाम
जानना होगा —
लड़की ने हँसते हुए कहा

कूड़े का कोई नाम नहीं होता —
लड़के ने उत्तर दिया

फिर चिड़िया का ही नाम
क्यों होने लगा भला
अगर कूड़े का नहीं है —
लड़की ने उतनी ही दृढ़ता से कहा

लड़के को लगा
सवाल कहीं कूड़ा और चिड़िया के बीच
उलझता जा रहा है
इसलिए उसने सुझाव दिया —
क्यों न किसी से पूछ लें

यह व्यर्थ है
यह एकदम व्यर्थ है
हमें चिड़िया के जादू से मुक्त होना चाहिए
जैसे कूड़े से —
लड़की का सुझाव था

नहीं, यह एक गंभीर मामला है
हमें जानना ही होगा चिड़िया का नाम

चाहे जैसे भी हो-
लड़के की ज़िद थी

सुनो, क्या हम चिड़िया को
गोली नहीं मार सकते —
लड़की ने सवाल किया

मार सकते हैं
पर उसका नाम
फिर भी हमारा पीछा करेगा
और शायद उम्र-भर —
लड़के ने कहा

यह भयानक है !
यह कितना भयानक है —
कहते-कहते लड़की
चीख़ती हुई उठी
मानो जाने के लिए तैयार

कहाँ —

लड़के ने व्यग्रता से पूछा

लड़की ने कुछ नहीं कहा

सिर्फ़ उस तरफ़ लपकी

जिधर सड़क थी

और देखते-देखते हो गई ओझल

चिड़िया

अब कूड़े को पूरा सम्मान देते हुए

उसे चोंच से कुरेद रही थी

और लड़का उसी तरफ़ देखता

अपने सोचने के

किसी कठिन मुक़ाम पर ठिठका

इस तरह बैठा था

जैसे चिड़िया + कूड़े के नाम का सवाल

दुनिया के होने

न होने का सवाल हो।

— दिशा

हिमालय किधर है
मैंने उस बच्चे से पूछा जो स्कूल के बाहर
पतंग उड़ा रहा था

उधर — उधर —उसने कहा
जिधर उसकी पतंग भागी जा रही थी

मैं स्वीकार करूँ
मैंने पहली बार जाना
हिमालय किधर है !

3부

『호랑이』

서 序

심상이 아니고

상징이 아니고

전신(電信)이 아니고

배달부가 아니고

바로 내가 말하겠다

왜냐하면 나만이

다만 나만이 안다

내 등 뒤에

내 시대의 손아귀에

얼마나 많은 흔적이 있는지

얼마나 다르지 않은지

내 시대의 손아귀가

내 손톱의 빛남과

내 영혼에 있는 기쁨이

사실은

내 무릎에 바로 그 아픔

발바닥에 있는 불타오름은
머리에 바로 그
생각들의 탕탕거림

이 때 내 혀에
있는 한 거대한 거짓
바로 그것이다 — 바로 그것이 내 세기의
가장 위대한 진실!

여기를 보아라 나의 손
이것을 너에게 준다
그리고 내 곁에 놔둔다
내 입술의 떨림을……

한 시인에게
더 무엇이 필요한가!

— 둘

오늘 아침 신문에
한 짧은 기사가 났다
어제 밤 도시에
왔었다 호랑이가!

누구도 그를 보지 못했다
어둠 속에서 듣지 못했다 누구도
그가 움직이는 소리를
떨어지지 않았다 어떤 거리에도
자그마한 핏방울 하나도

그러나 모두 믿는다
아침 신문에 나온 뉴스는
틀릴 수 없다
확실히 확실히 지난 밤 도시에
왔었다 호랑이가

진실은 우리가 의심할 수 없다는 것이다
호랑이가 온 것을

계절이 그러하다
그리고 그런 공기가 흐르고 있다
거기에 언제라도 그리고 어디라도
올 수 있다

그러나 문제는 이것이다
결국 이렇게 많은 날 뒤에
이렇게 큰 도시에
왜 왔었는가 호랑이가?

그가 굶주렸는가?
아팠나?
도시에 대해서
변했는가 그의 생각들이?

이것은 얼마나 이상한가
그가 왔다
그가 전 도시를
한 깊은 경멸
그리고 증오로 보았다

그리고 거기에 있던 물건을
그냥 그곳에 남겨두고
조용히 그리고 초연히
떠났다 밖으로!

아침 볕에
각자 자신의 문지방에서
모두 조용했다
그러나 나는 듣고 있었다
모두가 말하고 있는 것을

발들에게 묻고 있다 신발들이
목에게 묻고 있다 머리카락이
손톱에게 묻고 있다 어깨가
몸에게 묻고 있다 살갗이
언제 올 것인가
다시 언제 올 것인가 호랑이가?

— 셋

이야기로 가득한 이 나라에
나도 한 이야기이다
한 이야기이다 호랑이도
그래서 여러 번
그가 숨으려고 하지만 얻지 못하면
어떤 제대로 된 자리를
그는 천천히 일어난다
그리고 가서 앉는다
어떤 이야기의 가리개에

다시 아무리 찾아도
정글의 작은 잎들을 다 걸러내도
그는 어디에도 없다
불쌍한 암물소는
황혼에서 아침까지
조용히 묶여 지낸다
한 가는 물 밧줄의 도움으로
그리고 호랑이는 있다 그가 갈증을 느끼지도 않는 것같이
그가 오지 않는다

아주 여러 날 동안
물에 드리워진
자신의 길고 멋진 그림자를 보러

왕이 올 때
정글에 소음이 있을 때
겨누어질 때 모든 총이
호랑이가 있을 수 있는
그 방향으로
그럼 진실은 이것이다
그때 호랑이가
여기에 있다 거기에 없다
그는 사냥감의 피를
마셨기에
편안하게 앉아 있을 것이다
어떤 이야기의 가리개에

— 넷

이 거대한 나라
북쪽 끝에
한 자그마한 폐허가 있다
어떤 오래된 도시
거기에 그의 영화의 날에
때때로 왔었다 붓다가
때때로 왔었다
호랑이도

둘은 따로따로 왔었다
붓다가 왔었다면 동쪽에서
그럼 호랑이는 어디
때로 그는 서쪽에서 왔었다
때로는 누군가
낌새도 느끼지 못하는
그런 어떤 이름 없는 방향에서

그러나 때때로 둘이
정면으로 마주치게 되곤 했다

다시 호랑이가 한 눈을 들어서
보았다 붓다를
그리고 붓다는 머리를 숙였다
나갔다 앞으로

위대한 삶 그 자그마한 도시의
붓다의 측은지심
그리고 호랑이의 공포
서로를 자르면서
이중 그림자에

사람들은 생각했다
붓다는 이해한다
호랑이의 언어를
그러나 불쌍한 호랑이에게
붓다의 빨리어[18]는
풀처럼 아름다웠다
그리고 전적으로 먹을 수 없는 것

---

18 붓다가 사용했던 고대 인도어.

이렇게 둘 사이에
한 이상야릇한 관계가 있었다
한 쪽에는 허기에 허기뿐이고
다른 쪽에는 측은지심에 측은지심뿐이다
그리고 둘 사이에
어떤 다리도 없었다

그러나 때때로 밤에
히말라야의 정상에
눈이 내리고
도시에 센 바람이 불면
도시 사람들이 생각했었다 —
바로 이 바람결에 어디에선가 떨고 있을 것이다 붓다가
그리고 얼마나 이상한가
바로 이 바람결에
어디에선가 움직이고 있을 것이다 호랑이도!

— 다섯

한 아름답고 거대한 트랙터
거기 밭에 서 있었다
하루 종일 움직인 후에
그것이 얼마나 지쳤는지
이제 자신의 그림자의 자로는
작았다 크지 않았다
그것은 다만 거기에 서 있었다.

저물어 가는 태양의 붉디 붉은 별이
한 긴 아카시아나무 가시에 걸려져서
곧장 엔진에 떨어지고 있었다

그리고 호랑이는 어디에라도 있을 수 있었기에
그 때 그는 사탕수수 밭에 있었다
그리고 이 모든 것을 보고 있었다

더 이상 참을 수 없을 때
호랑이는 어디에선가 으르렁댔다 —
'여보게, 우아,
불가사의해!'

호랑이는 트랙터가
한 거대한 낟알처럼 느껴졌다
푸르름에 놓여 있는
한 잘 익은 붉은 빛나는 낟알
그리고 호랑이가 생각했다 이제 재미 있겠다 —
왜냐하면 늘 그런 것처럼 이제 한 노파가 올 것이다 —
그녀는 낟알을 들어서
놓을 것이다 자루에
가져 갈 것이다 집에
그리고 던져둘 것이다 자신의 검은
펄펄 끓는 솥에

다시 호랑이가 눌러 두었던 질투로
아래서 위까지
찬찬히 보았다 트랙터 전체를
그리고 스스로
한 노파의 솥에 익으려는 욕망으로
되었다,
붉게!

— 여섯

'이 사람들은
왜 이렇게 조용히 있지 요즈음?' —
하루는 호랑이가 여우에게 물었다
여우는 아무 것도 이해할 수 없었다
그러나 그가 지지하며 머리를 끄덕였다
그리고 응시하고 있었다 호랑이 턱을
거기에서 지금도 신선한 피 냄새가 나고 있었다
좀 있다가 무엇인가 생각하며 말했다 —
'어떤 고통이 있을 것이다 그들에게'

'어떤 고통?'
호랑이가 몸부림치며 물었다
'그것을 나는 모른다
허나 고통이 무엇
있게 되고야 만다 어떤 식으로든'
여우가 대답했다

'가능하다
그들이 어떤 가시에 찔렸을 수도!' 호랑이가 물었다

'가능하다
그런데 바로 그 사람이
찔렀을 수도 있다 가시로'
여우가 천천히 말했다

이번에 호랑이는
아무 것도 이해하지 못했다
그런데 그는 지지하면서
머리를 끄덕였다
다시 천천히 물었다 —
'사람들이
물을 마시는가?'

'마신다' — 여우가 말했다 —
'그러나 그들은 우리처럼
단지 아침-저녁에 마시지 않는다,
하루 종일 원하는
때마다 마신다'

'그런데 그렇게 많은 물을 왜 마시지
사람들이?'
호랑이가 놀라서 물었다

'바로 그 고통 —
내가 말하지 않았는가!'
여우가 대답했다

이번에도
호랑이는 아무 것도 이해할 수 없었다
그러나 그는 한참 머리를 숙이고
생각하고 있었다

이 '고통'이라는 단어
앞에서 호랑이는
완전 속수무책이었다.

— 일곱

한 불타는 정오에
호랑이가 보았다 한 놀라운 장면을
그가 보았다 한 거대한 보리수 아래
새와 인간이
날개와 망치를
옆에 놓고서
두려움 없이 휴식을 취하고 있다

먼저 호랑이가 으르렁댔다
다시 조용해졌다
그가 들었다
그 늙은 보리수가 숙여 인간의 귀에
천천히 천천히 노래하고 있었다
아주 오래된 한 노래
아마도 어떤 왕에 대한,
왕비를 정글에서 잃어버린

다시 호랑이가
움직였다 으르렁대지 않았다

다만 바로 그쪽으로 얼굴을 돌려

한참 서 있었다

황홀해서

말없이!

— 여덟

나는 한 여인을 안다
그녀는 한 자그마한 도시에서 살았다
그녀에게는 수많은 이야기가 있었다
호랑이에 대해 그리고 강에 대해
그리고 그 수많은 도시에 대해
그 이름들이 책 어디에도 없다

그녀는 믿었다
호랑이는 한 마술이다
그리고 얼마나 무시무시한지
암흑에서 이름을 부르면
나타난다

그녀는 생각했다
사랑스러운 이것
우리가 서로 하는 이것
또는 다시 하지 않는 이것
이것도 한 호랑이이다
그리고 얼마나 가까운지

주의 깊게 들으면

너는 네 가슴에서 들을 수 있다

그가 무거운 발로 움직이는 소리를

그래서 암흑에서

그녀는 더 많이 침묵했었다

더 많이 벌벌 떨며 살았다 그녀는

만약 뭔가 말하게 되었다면

그녀의 떨리는 입술이

천천히-천천히 말했다

뜻이 무엇이든 될 수 있는

아무 것도 아닐 수 있는

다만 단어 몇 개

— 아홉

그날 호랑이에게
쓰는 법을 가르치고 있었다
어디에서
어떤 학교에서
그것을 알려주는 것은 어렵다
매우 크고 검은 나무 판이
그 앞에 놓여 있었다
그 위에 여우가 말했다
써라 — '이슈바르'[19]

호랑이가 좀 생각했다
그리고 천천히 써주었다
한 아주 큰
비명과 같이 길고 삐뚤빼뚤한 '이'

여우가 말했다 — 됐다
이제 써라 '슈바'
호랑이는 어려움에 빠졌다

---

19 이슈바르(Ishvar)는 신이라는 뜻.

그의 이 아래 어딘가에 눌려 있었다 '슈바'
그것이 나오지 않고 있었다

여우가 소리질렀다 —
써라, 써라
호랑이는 바로 그렇게 멈추어 있었다
그리고 나무판 가장자리에
조용히 숙이고 있었다

여우가 소리질렀다 —
'슈바' 내가 말하지 쓰라고 '슈바'

이번에 호랑이가 좀 노력했다
목소리를 다듬었다
그리고 그럭저럭 써 주었다 '샤'

여우가 고쳤다 —
다 아니고 절반
그냥 반만 써라 '샤'

호랑이는 한참 동안
지우고 있다
쓰고 있다

쓰고 있다
지우고 있다
다시 하지 못하고 말했다 —
아니, 아니, 내가 쓸 수가 없을 거야
한참 동안 낑낑대고 있었다 호랑이가

그의 두 눈에서 한 불가사의한
고통으로 가득한 빛남이 있었다
마치 싸우고 싸우다가
처음으로
기절한 것처럼!

— 열

그날 호랑이가
울고 있었다 밤새
가장 먼저 한 여우가 왔다
그리고 그가 물었다
우는 이유를
다시 토끼가 왔다
곰이 왔다
뱀이 왔다
나비가 왔다
모두 왔다
그리고 모두 묻고 있었다
우는 이유를
그러나 호랑이는 꼼짝도 하지 않았다
그냥 울고 있었다 밤새

갈증을 느꼈다
그는 울고 있었다
허기를 느꼈다
그는 울고 있었다

달이 나왔다

그는 울고 있었다

별들이 가라앉았다

그는 울고 있었다

까마귀가 말했다

그는 울고 있었다

멀리 어디에선가 사원에서

울리기 시작했다 종들이

그는 울고 있었다……

— 열하나

현재

현재

그리고 한 지속되는 현재에 살고 살다가

어느 날 지루해졌을 때 호랑이가

천천히 토끼를 가까이에 불렀다

그리고 알았다 토끼가 벌벌 떨고 있다는 것을

그의 자그마한 몸에

서는 그 털들은

부드럽고 하얗다

그 털을 호랑이가 만졌다

그리고 속으로 아주 많이 기뻤다

호랑이에게 이것은 새로운 일이다

그렇게 있는 것들

그의 주변에 펼쳐져 있는

그리고 그 사방으로

그 곳에서 밤낮 살면서 으르렁대는 것 외에

어떤 방법도 없었다 호랑이에게

그것 밖으로 갈 수 있었다

볼 수 있다 일몰을

그리고 일출을 넘어서
산의 이마를 찢고서
가져올 수 있다 강
전체를 들어서
바로 턱의 갈증 가까이
그리고 잠시 멈추고
그가 무엇인가 생각했다
마치 그의 귀가
일어나고 있는
그 미세한 비명을
잡으려고 노력하는 것 같다
다시 그렇게 그 부드러운 털에
자신의 발톱을 돌리고 있다
그리고 그 부드러운 몸을
쓰다듬고 있다
호랑이 혀가
그 놀라운 부드러움의
맛을 보고 있는 것처럼.

— 열둘

아주 이른 아침
한 아이가 울고 있었다
그의 손에서 떨어져서
갑자기 깨져버렸다
그의 흙으로 된 호랑이
그 자그마한 아름다운 호랑이
이미 별들과 싸운
이미 달 그리고 태양과 싸운
그리고 해적들과
바로 그의 눈 앞에서
그의 손에서 떨어졌다
그리고 즉시 깨졌다

그리고 지금 그는 울고 있었다
왜냐하면 이제 그는 놀랐다
세상에서 가장 힘센 물건이
얼마나 쉽게 떨어지고
그리고 깨지게 되는지

황금빛 별에
그의 눈물 가득한 두 눈이
지금도 집중하고 있다
자신의 떨어진 호랑이에
갑자기 그가 느꼈다
호랑이가 파편들 안에서 불안해 일어나
조금 움직인다
보고 있는데
펄쩍 뛰어 창문에서
나가버렸다 밖으로

이제 어떻게 하지
막 생각을 하고 있는데
길에서 보였다
시인 뜨리로짠[20] 이

---

20 뜨리로짠 샤스뜨리(Trilocan Shastri, 1917-2007)는 프롤레타리아트 시문학운동이 배출한 대표적인 인도 시인.

내가 말했다 — '샤스뜨리 님,
아이가 울고 있습니다
뭔가 해야지요'

말했다 —'가자, 가져 오자
다른 호랑이를'
내가 말했다 — '아니요, 아이가 고집을 피우고 있어요
아이는 필요해요 바로 그 호랑이가
오직 그 호랑이
깨어지기 전에 있었던'

그분이 움직였다
다시 그분의 두 눈에 왔다
한 경이로운 빛남이
말씀했다 —'가자, 바로 그것을 가져오자'

내가 물었다 —'바로 그 호랑이!
그것을 어디에서 구하나요?'
'구할 거야'—그분이 말씀했다 —

'어디에서든
어떤 도공의 두 눈에
있을 거야 분명히
그것과 같은 것이'

나는 의심하지 않았다
함께 했다 그와
그 후로 아주 많은 시간이 지나갔다
지금도 우리는 가고 있다
앞에 시인 뜨리로짠
뒤에 나
바로 그 호랑이를 찾아서
아침에 땅 위에 떨어져서
깨지기 전에
있었던

— 열셋

가고 있었다
맛과 졸음을 실은 우차들이
그리고 호랑이가 우차들을 보고 있었다
내가 언젠가 만났던 그 호랑이가 아니다
어떤 시인의 시에
오히려 살아 있는 그리고 진짜 호랑이
거기에 조용히 서 있었다
그리고 보고 있었다
가고 있는 우차들을

호랑이는 우차들을 전에도 보았다 여러 번
우차들은 읍내에서 도시 쪽으로
무언가를 싣고
항상 이렇게 갔었다
그리고 자신의 몫의 대지를
계속 계속 잃어가는 우차들

이번에 가고 있는 우차들을
호랑이는 사랑하게 되었다

호랑이는 좋았다 둥글고 둥근
돌아가는 바퀴들
호랑이는 호흡과 같이 느꼈다
바퀴에서 떨어지는
아주 느린 움직임이

호랑이는 그냥 서서
응시하고 있다
가고 있는 우차들을
'나는 무엇인가 해야만 한다
무엇인가 해야만 한다'—
호랑이는 생각하고 있다 계속해서
반면에 호랑이가 보는데
한 끝없는 비탈에서 구르면서
달달 달달 가고 있었다
우차들이

우차들이 가고 있었다
나무들의 빈 곳으로

그리고 강들의 포효로

물의 빛남

그리고 겨자들의 사각사각 속으로

가고 있었다 우차들이……

— 열넷

오늘 연기가 오르지 않고 있다
동쪽 서쪽
어디에서도
저녁이 되어가고 있다
그리고 호랑이는 놀라고 괴로웠다
무슨 일인가 무슨 일인가
왜 오르지 않지 연기가

호랑이는 알고 있었다
연기가 어느 쪽에서 오르든
그 쪽에 있다 읍내가
그 쪽에 음매 소리를 낸다 암소가
그 쪽에 있다 따습고 따스운 집들이
그 쪽에서 온다 인간이 있는 냄새

오늘 처음으로
호랑이는 연기가 오르지 않음으로
읍내가 있지 않다는 의심이 나고 있었다

어떻게 어떻게 느끼고 있었는지
모른다 호랑이가
앉아 있지 않으려는 마음을
펄쩍 뛰려는 욕망을

모든 것이 있었다
나무 위에 잎
강에 물
사슴에 살코기
모든 것이 있었다
다만 연기가 오르지 않았다

— 열다섯

무시무시하게 추웠던 어느 날 밤
호랑이가 보았다
어딘가에서 타고 있는 불을

불이 한 집
안에서 타고 있었다
덤불로 휩싸인 그 집
한 큰 집이었다 거기서 나고 있었다
어떤 익숙한 장작이
타는 냄새

그 냄새가 호랑이는
같은 친족처럼 느껴졌다

덧문을 통해서
그가 가장 먼저 보았다 아이들을
절반은 잠에
절반은 깨어 있었다
남자는 어딘가에 기대어 앉아 있었다

그러나 여인의 얼굴이 분명히 보이고 있었다
불꽃 앞에서
여인의 얼굴이 더 느껴지고 있었다

그들 모두 불에
둘러 앉아 있었다

집안의 그 모든 장면이
호랑이는 경이롭게 느껴졌다
그는 신비롭게 느껴졌다 그 나즈막한 소리들이
불꽃에
걸러져 오고 있었다
호랑이는 처음으로
자신의 몸에서 일어나는 악취로
두려움을 느꼈다

내가 죽여버릴 거야
죽여버릴 거야 — 생각했었다 호랑이가
그러나 마치 불의 마술이

호랑이의 내면의 두려움을
용기로 바꾸어 주었듯이
갑자기 호랑이가 보았다 한 죽은 호랑이의
벽에 걸려 있었던
긴 몸을

호랑이가 처음으로
비명을 지르기를 원했다
그러나 비명 지르는 법을 호랑이는 알지 못했다
그래도 어딘가 안에서 마치 소리를 지르고 있는 것 같았다 호랑이가
저기를 보아라. 저기를 보아라
거기에 걸려 있는 벽에
그것은 나 —그래, 그래
그것은 내 몸이다!

— 열여섯

한 향기 가득한
돌풍이 왔다
그리고 호랑이는 그 때 어딘가 우리에 있었다
약간 떨었다
아마도 정글에서 망고가 익고 있을 게다
그가 생각했다

다시 몸을 좀 풀었다
콧구멍을 좀 벌렁거렸다
그리고 힘찬 숨을 들이쉬었다
대지 가득 긴
그리고 들었다
정신이!

— 열일곱

일반적으로 위엄은
한 단어 이상 아무 것도 아니다
그러나 거기에는 한 불이 있었다
한 무시무시한 균형이
한 참을 수 없는 악취가
그의 전신에서 올라오는

그리고 그것은 자신의 경계를
수백 번 돈 뒤에
이제 자신의 존재의 무용함에 지친 듯이
자신이 갇힌 그 창살에
기대어 서 있었다
그리고 자신의 긴 거친 혀로
자신의 엉덩이의 소금을
자꾸자꾸 핥고 있었다

이 동작에
그는 얼마나 홀로이었고
그럼에도 얼마나 집중했는지

그때

나는 사람과 다르지 않다고 느꼈다 호랑이가.

— 열여덟

그들은 두려웠다 어느 날
소멸될 것이다 하나도 빼지 않고 모든 호랑이가
낯이 없어지고
대지의 모든 호랑이가
아이들의 책 속에
잡혀 있을
그런 날이 올 것이다.

나도 두렵다
나는 하나가 더 두려웠다
호랑이보다도 더 빛나는 두려움
손은 어디에 있을 것인가
눈은 어디에 있을 것인가 책을 읽을
인쇄소는 어디에 있을 것인가 책을 인쇄할
도시는 어디에 있을 것인가
활자가 주조되는
그 페이지는 어디 있을 것인가
'까' 뒤에 어디에선가 펄쩍 뛰어서
'라' 또는 '샤'가 올

바람이 들을 것이고
자신의 기억에 엮어 둘 것이다
한 아주 완전한 단어를
잎들이 반복할 것이다
대지의 어떤 보이지 않는 별들을
통과해서
어떤 아주 먼 병원 창가 아래
한 죽어가는 사람의 입술에 도달해서
아주 잠잠해질 것이다
한 자그마하고 감미로운
살아가는 노래

나는 두렵다
한 끝없고 곧은
그리고 단순한 두려움
그 두려움이 어디에 있을 것인가?

— 열아홉

태양이 지고 있을 때에
한 사람이 서 있었다 도시의 가장 높은
첨탑 위에
그리고 비명을 지르고 있었다—
친구여, 이 세기가 지나가고 있습니다
지나가고 있습니다 모든 산들과 강들이
그리고 하우라 다리[21]가
그리고 비행기 날개가
그리고 직조하는 손이
걷고 있는 두 발이
모두 지나가고 있습니다
그러나 친구여, 우리는 살아야 할 것입니다
살아야 할 것입니다 호랑이와 함께
그리고 호랑이가 없이도 살아야 할 것입니다.

살아야 할 것입니다
물이 살듯이
돌이 살듯이
살아야 할 것입니니다

21 갠지스강의 지류인 후글리강에 건설된 다리.

살아야 할 것입니다
밧줄이 흔들거리는
살해 장소에서 돌아와
살아야 할 것입니다

시간이
얼마나 없든지
장소가
그것보다도 더 없든지
도시에 남겨졌든지
한 자전거에 있는
다만 그 만큼의 공기
그러나 살아야 할 것입니다

살아야 할 것입니다
바로 여기에
바로 여기에
바로 이 도시에 살아야 할 것입니다
한 치 한 치 살아야 할 것입니다

한 곳 한 곳에서 살아야 할 것입니다.

어찌 되든

여기에서 거기까지

모두가 살아야 할 것입니다

그 도시에서 그 남자가 서 있었던

가장 높은 첨탑은

실제로 어디에도 없었다.

— 스물

그리고 다음 날 도시에
다시 왔다 호랑이가
이번에 한 낮에
한 아름다운
불처럼 활활 타는 호랑이
어디에도 공포도 두려움도 없다
아름다운 호랑이는 움직이고 돌아다니는 마술이었다
호랑이는 모두를 묶어 놓았다

호랑이는 끊임없이 움직이고 있었다
호랑이가 움직이고 있었기 때문에
아름다웠다
호랑이가 아름답기 때문에 어디에서도 어떤 공포도 두려움도 없었다.

기도에 호랑이가 있었다
아이들은 학교에서 배우고 있었다 호랑이를
사람들은 편안하게 호랑이를 먹고 있었다
호랑이를 마시고 있었다
성냥 안에

작은 찻잔에
TV 화면에 움직이고 있다 호랑이가

누군가는 보았다
단지 두 눈을
누군가는 근육을
누군가에는 보였다 턱 전체가
누군가에는 흔들리는 근육질 엉덩이가

완전한 호랑이를 누구도 보지 않았다
그러나 모두가 고마워하는 듯했다
그 위대한 태양의
한 낮에
모두 자신에 일에 집중하고 있을
그 때에 모두에게 조금 조금
보였다 호랑이가!

— 스물 하나

친구여,

이렇게 계절의 순환이 완성되었다
그리고 순환에
오직 한 움직임이 있다
그것은 움직이고 있다 끊임없이
순환이 순환되는 것에 반대하여

지금 여기에 호랑이가 왔다
그래 왔다
나는 아무 것도 할 수가 없었다 호랑이를
총으로 죽이는 것 외에는
그리고 나는 그럴 수는 없었다

그가 오는 것은
공기가 아직도 있고
물이 어딘가에 그렇게 흐르고 있다는 것을
알려준다.

그러나 친구여, 호랑이지 않은가

말한다 수 세기 전부터
그가 어느 저녁에 왔었다
문법학자 빠니니[22]의 언어 오두막에

어떤 신선한 경(經)이
어떤 오래된 자작나무 껍질 냄새로
얽혀 있었다
그것을 풀려고 앉았다 빠니니께서
밖에서 들려왔다
으르렁거리는 소리가

문법학자 선인에게
이것은 완전히 새로운 문제이었다
그의 기억 속 수많은 경 중에서
어떤 경에도 그 소리가
제대로 맞지 않았다

22 4세기의 인물로 추정되는 산스크리트어의 위대한 언어학자

그래서 그는 밖으로 나와
호랑이를 향해 손가락질하면서 말했다
틀렸어!
완전 틀리게 말한다!

그 후 어떻게 되었는지
전설은 여기에서 침묵한다
그러나 거기에 있는
한 커다란 구멍에서 한 강렬한 으르렁거림
그 언어 오두막에서 서서히 서서히 소리가
한참 들린다……

끝으로 친구여,
말하겠다
끝은 단지 한 관용구라고
관용구를 단어들은 항상
자신의 폭발에 날려보낸다
그리고 남게 된다 매번
그 설익은 듯한

태초의 대지와 같은 신선한 시작
모든 것이
다시 시작될 수 있는
다시 분필을
알파벳을 다시
다시 셈을 백에서 영으로
해 질 때에서 별 들 때를 향해
시간을 다시

이 '다시'도
다시

(1996)

— 해설

연작시『호랑이』는 시인의 대표작 중에서도 대표작으로 세계의 많은 언어로 번역된 작품이다. 이 시인은 서문에서 이 작품을 인도의 대표적인 우화『빤쯔딴뜨라』(Pañcatantra)의 구조에서 영감을 받아 썼다고 밝혔다. 시인은『빤쯔딴뜨라』의 액자소설 형식이라는 틀을 변용하여 새로운 창작의 가능성을 실험했다. 그리고 시인은 한 시의 내적인 압력으로 저절로 다음 시가 나왔고 이야기의 틀 안에서 자연스럽게 솟아나오는 창작성을 시적으로 처음 대면하게 되었다. 이와 같이 시인은 이 작품에서 창작 실험을 통해 인도 문학의 고유한 전통에 현재성을 부여하여 시의 인도적 모델을 창출하는 데 성공하였다.

연작시『호랑이』의 중심에는 호랑이가 있다. 시인은 서문에서 오늘날 실체적 존재로서 호랑이와 인간이 얼마나 멀어졌는지 호랑이는 원형적인 존재가 되어 버렸다고 한다. 시인은 알게 모르게 원형적인 존재가 되어버린 호랑이가 물과 바람처럼 자연적인 존재가 되어야 한다고 주장한다. 왜냐하면 자연의 생명체인 호랑이가 존재하는 것이 인간이 존재할 수 있는 운명과 연결되어 있기 때문이라고 한다. 호랑이와의 공존을 주장하는 시인의 의식과 태도에서 선구적이고 지속적이었던 그의 생태학적인 관심을 읽을 수 있다. 그러나 이 작품에서 호랑이는 단순히 생물학적 존재로서 호랑이가 아니고 인간과 인도사회의 다양한 측면을 복합적으로 암시하는 상징으로서 호랑이이다. 그래서 역자는 이 작품을 접하게 되는 모든 분들이 호랑이와 실체적으로 공존하여 역자의 은사이신 시인의 바램을 이루어줄 수 있으리라고 기대한다.

— आमुख

बिंब नहीं
प्रतीक नहीं
तार नहीं
हरकारा नहीं
मैं ही कहूँगा

क्योंकि मैं ही
सिर्फ़ मैं ही जानता हूँ
मेरी पीठ पर
मेरे समय के पंजों के
कितने निशान हैं

कि कितने अभिन्न हैं
मेरे समय के पंजे
मेरे नाख़ूनों की चमक से

कि मेरी आत्मा में जो ख़ुशी है
असल में वही है
मेरे घुटनों में दर्द

तलवों में जो जलन

मस्तिष्क में वही

विचारों की धमक

कि इस समय मेरी जिह्वा पर

जो एक विराट् झूठ है

वही है —वही है मेरी सदी का

सब से बड़ा सच !

यह लो मेरा हाथ

इसे तुम्हें देता हूँ

और अपने पास रखता हूँ

अपने होठों की

थरथराहट...

एक कवि को

और क्या चाहिए !

— दो

आज सुबह के अख़बार में
एक छोटी-सी ख़बर थी
कि पिछली रात शहर में
आया था बाघ !

किसी ने उसे देखा नहीं
अँधेरे में सुनी नहीं किसी ने
उसके चलने की आवाज़
गिरी नहीं थी किसी भी सड़क पर
ख़ून की छोटी-सी एक भी बूँद

पर सब को विश्वास है
कि सुबह के अख़बार में छपी हुई ख़बर
ग़लत नहीं हो सकती
कि ज़रूर-ज़रूर पिछली रात शहर में
आया था बाघ

सचाई यह है कि हम शक नहीं कर सकते
बाघ के आने पर

मौसम जैसा है
और हवा जैसी बह रही है
उसमें कभी भी और कहीं भी
आ सकता है बाघ

पर सवाल यह है
कि आख़िर इतने दिनों बाद
इस इतने बड़े शहर में
क्यों आया था बाघ ?

क्या वह भूखा था ?
बीमार था ?
क्या शहर के बारे में
बदल गये हैं उसके विचार ?

यह कितना अजीब है
कि वह आया
उसने पूरे शहर को
एक गहरे तिरस्कार
और घृणा से देखा

और जो चीज़ जहाँ थी
उसे वहीं छोड़कर
चुप और विरक्त
चला गया बाहर !

सुबह की धूप में
अपनी-अपनी चौखट पर
सब चुप हैं
पर मैं सुन रहा हूँ
कि सब बोल रहे हैं

पैरों से पूछ रहे हैं जूते
गरदन से पूछ रहे हैं बाल
नखों से पूछ रहे हैं कंधे

बदन से पूछ रही है खाल
कि कब आएगा
फिर कब आएगा बाघ ?

— तीन

कथाओं से भरे इस देश में
मैं भी एक कथा हूँ
एक कथा है बाघ भी
इसलिए कई बार
जब उसे छिपने को नहीं मिलती
कोई ठीक-ठाक जगह
तो वह धीरे से उठता है
और जाकर बैठ जाता है
किसी कथा की ओट में

फिर चाहे जितना ढूँढ़ो
चाहे छान डालो जंगल की पत्ती-पत्ती
वह कहीं मिलता ही नहीं है
बेचारा भैंसा
साँझ से सुबह तक
चुपचाप बँधा रहता है
एक पतली-सी जल की रस्सी के सहारे
और बाघ है कि उसे प्यास लगती ही नहीं

कि वह आता ही नहीं है
कई-कई दिनों तक
जल में छूटी हुई
अपनी लंबी शानदार परछाईं को देखने

और जब राजा आता है
और जंगल में पड़ता है हाँका
और तान ली जाती हैं सारी बंदूक़ें
उस तरफ़
जिधर हो सकता है बाघ
तो सचाई यह है
कि उस समय बाघ
यहाँ होता है न वहाँ
वह अपने शिकार का ख़ून
पी चुकने के बाद
आराम से बैठा होता है
किसी कथा की ओट में !

— चार

इस विशाल देश के
धुर उत्तर में
एक छोटा-सा खँडहर है
किसी प्राचीन नगर का
जहाँ उसके वैभव के दिनों में
कभी-कभी आते थे बुद्ध
कभी-कभी आ जाता था
बाघ भी

दोनों अलग-अलग आते थे
अगर बुद्ध आते थे पूरब से
तो बाघ का क्या
कभी वह पश्चिम से आ जाता था
कभी किसी ऐसी गुमनाम दिशा से
जिसका किसी को
आभास तक नहीं होता था

पर कभी-कभी दोनों का
हो जाता था सामना

फिर बाघ आँख उठा
देखता था बुद्ध को
और बुद्ध सिर झुका
बढ़ जाते थे आगे

इस तरह चलता रहा
महान जीवन उस छोटे-से नगर का
बुद्ध की करुणा
और बाघ के आतंक की
एक-दूसरे को काटती हुई
दोहरी छाया में

वहाँ लोगों का ख़याल था
कि बुद्ध समझते हैं
बाघ की भाषा
पर बेचारे बाघ के लिए
बुद्ध की पाली
घास की तरह सुंदर थी
और एकदम अखाद्य

इस तरह दोनों के बीच
एक अजब-सा रिश्ता था
जहाँ एक ओर भूख ही भूख थी
दूसरी ओर करुणा ही करुणा
और दोनों के बीच
कोई पुल नहीं था

पर कभी-कभी रातों में
जब हिमालय की चोटियों पर
गिरती थी बर्फ़
और नगर में चलती थीं तेज़ हवाएँ
तो नगर-वासी सोचते थे —
इसी झोंके में कहीं सिहरते होंगे बुद्ध
और कितना अजब है
कि इसी झोंके में
कहीं हिलता होगा बाघ भी !

— पाँच

एक सुंदर और विशाल ट्रैक्टर
वहाँ खेत में खड़ा था
दिन-भर चलने के बाद
वह इतना थक चुका था
कि इस समय अपनी परछाईं की माप से
छोटा था न बड़ा
वह सिर्फ़ वहाँ खड़ा था

डूबते हुए सूर्य की लाल-लाल किरणें
एक लंबे बबूल के काँटों से छनकर
सीधे उसके इंजन पर पड़ रही थीं

और बाघ चूँकि कहीं भी हो सकता है
इसलिए उस समय वह एक गन्ने के खेत में था
और यह सब कुछ देख रहा था

जब उससे रहा न गया
तो वह वहीं से दहाड़ा —
'भई, वाह

अद्भुत !'

उसे ट्रैक्टर
एक विराट् दाने की तरह लगा
हराई में पड़ा हुआ

एक पुख़्ता लाल दमकता हुआ दाना
और बाघ ने सोचा अब मज़ा आएगा —
क्योंकि अब जैसाकि होता है एक बुढ़िया आएगी —
जो दाने को उठाकर
रख लेगी झोली में
ले जाएगी घर
और डाल लेगी अपनी अँधेरी
खुदबुदाती हुई बटुली में

फिर उसने एक दबी हुई ईर्ष्या से
नीचे से ऊपर तक
ग़ौर से देखा समूचे ट्रैक्टर को

और ख़ुद-ब-ख़ुद
एक बुढ़िया की बटुली में
पकने की इच्छा से
हो गया लाल !

— छह

'ये आदमी लोग
इतने चुप क्यों रहते हैं आजकल ?' —
एक दिन बाघ ने लोमड़ी से पूछा
लोमड़ी की समझ में कुछ नहीं आया
पर उसने समर्थन में सिर हिलाया
और एकटक देखती रही बाघ के जबड़ों को
जिनसे अब भी ताज़ा ख़ून की गंध आ रही थी
फिर कुछ देर बाद कुछ सोचते हुए बोली —
'कोई दुख होगा उन्हें'

'कैसा दुख ?'
बाघ ने तड़पकर पूछा
'यह मैं नहीं जानती
पर दुख का क्या
वह हो ही जाता है कैसे भी'
लोमड़ी ने उत्तर दिया

'हो सकता है
उन्हें कोई काँटा गड़ा हो !' बाघ ने पूछा

'हो सकता है
पर हो सकता है आदमी ही
गड़ गया हो काँटे को'
लोमड़ी ने धीरे से कहा

अवकी बाघ की समझ में
कुछ नहीं आया
पर उसने समर्थन में
उसी तरह सिर हिलाया
फिर धीरे से पूछा —
'क्या आदमी लोग
पानी पीते हैं ?'

'पीते हैं' — लोमड़ी ने कहा —
'पर वे हमारी तरह
सिर्फ़ सुबह-शाम नहीं पीते,
दिन-भर में जितनी बार चाहा
उतनी बार पीते हैं'

‘पर इतना पानी क्यों पीते हैं
आदमी लोग ?’
बाघ ने आश्चर्य से पूछा

‘वही दुख —
मैंने कहा न !’
लोमड़ी ने उत्तर दिया

इस बार फिर
बाघ की समझ में कुछ नहीं आया
पर वह देर तक सिर झुकाए
उसी तरह सोचता रहा

यह ‘दुख’ एक ऐसा शब्द था
जिसके सामने बाघ
बिलकुल निरुपाय था।

— सात

एक जलती दोपहरी में
बाघ ने देखा एक अद्भुत दृश्य
उसने देखा कि एक विशाल बटवृक्ष के नीचे
एक पक्षी और मनुष्य
अपने डैने और कुल्हाड़ी
अग़ल-बग़ल रखकर
निर्भय सुस्ता रहे हैं

पहले वह गुर्राया
फिर हो गया चुप
क्योंकि उसने सुना
वह बूढ़ा बटवृक्ष आदमी के कानों के पास झुककर
धीरे-धीरे गा रहा था
एक बहुत पुराना गीत
जो शायद किसी राजा के बारे में था
जिसकी रानी जंगल में खो गयी थी

फिर बाघ
हिला न गुर्राया

बस उसी तरफ़ मुँह किए

देर तक खड़ा रहा

मुग्ध

अवाक् !

— आठ

मैं एक स्त्री को जानता हूँ
जो एक छोटे से शहर में रहती थी
उसके पास ढेरों कहनियाँ थीं
बाघ के बारे में और नदियों के बारे में
और उन बहुत-से शहरों के बारे में
जिनके नाम किताबों में नहीं कहीं मिलते

उसका विश्वास था
कि बाघ एक जादू है
और इतना विकट
कि अँधेरे में नाम लो
तो हो जाएगा प्रकट !

उसका ख़याल था
कि यह जो प्यार है
यह जो हम करते हैं एक-दूसरे से
या फिर नहीं करते
यह भी एक बाघ है
और इतना क़रीब

कि ध्यान से सुनो
तो तुम अपनी छाती में सुन सकते हो
उसके भारी पंजों के चलने की आवाज़

इसलिए अँधेरे में
वह ज़्यादातर चुप रहती थी
ज़्यादातर थरथराती रहती थी वह
यदि कुछ कहना हुआ
तो उसके काँपते हुए होठ
धीरे-धीरे बोलते थे
सिर्फ़ कुछ शब्द
जिनका अर्थ कुछ भी हो सकता था
या फिर कुछ भी नहीं।

—— नौ

उस दिन बाघ को
लिखना सिखाया जा रहा था
कहाँ
कौन-सी पाठशाला में
यह बताना मेरे लिए बहुत मुश्किल है
काठ की एक बहुत बड़ी काली पटिया
उसके सामने रखी थी
जिस पर लोमड़ी ने कहा
लिखो —'ईश्वर'

बाघ ने कुछ सोचा
और धीरे से लिख दिया
एक बहुत बड़ी-सी
चीख़-जैसा लंबा और टेढ़ा-मेढ़ा 'ई'

लोमड़ी ने कहा — ठीक
अब लिखो 'श्व'
वाघ पड़ गया मुश्किल में

उसके दाढ़ के नीचे कहीं दबा था 'श्व'
जो निकल नहीं रहा था

लोमड़ी चिल्लाई —
लिखो, लिखो

बाघ उसी तरह रुका रहा
और पटिया की कोर पर
चुपचाप झुका रहा

लोमड़ी चिल्लाई —
'श्व' मैं कहती हूँ लिखो 'श्व'

इस बार बाघ ने कुछ कोशिश की
गला साफ़ किया
और जैसे-तैसे लिख दिया 'श'

लोमड़ी ने सुधारा —

पूरा नहीं आधा
सिर्फ़ आधा लिखो 'श'
बाघ कुछ देर तक
काटता रहा
लिखता रहा

लिखता रहा
काटता रहा
फिर हारकर बोला —
नहीं, नहीं, मुझसे लिखा नहीं जाएगा
देर तक अख़-अख़ करता रहा बाघ

उसकी आँखों में एक अजब-सी
पीड़ा-भरी चमक थी
जैसे लड़ते-लड़ते
पहली बार
पछाड़ खा गया हो !

— दस

उस दिन बाघ
रोता रहा रात-भर
सब से पहले एक लोमड़ी आई
और उसने पूछा
रोने का कारण
फिर ख़रगोश आया
भालू आया
साँप आया
तितली आई
सब आए
और सब पूछते रहे
रोने का कारण
पर बाघ हिला न डुला
बस रोता रहा
रात-भर

प्यास लगी
वह रोता रहा

भूख लगी

वह रोता रहा

चाँद निकला

वह रोता रहा

तारे डूबे

वह रोता रहा

कौआ बोला

वह रोता रहा

दूर कहीं मंदिरों में

बजने लगे घंटे

वह रोता रहा .....

— ग्यारह

वर्तमान

वर्तमान

और एक निरंतर वर्तमान में रहते-रहते

जब एक दिन ऊब गया बाघ

तो उसने धीरे से ख़रगोश को पास बुलाया

और पाया वह थर-थर काँप रहा है

उसकी छोटी-सी देह पर

जो उभरे थे रोंएँ

मुलायम और सफ़ेद

उन्हें बाघ ने छुआ

और अंदर कहीँ बहुत ज़्यादा ख़ुश हुआ

उसे लगा कि यह एक नई बात है

कि इस तरह जो है

कि जो फैला है उसके आसपास

और उसके चारों ओर

कि जहाँ दिन-रात रहने और गुर्राने के सिवा

कोई उपाय नहीं है उसके पास

उसके बाहर जाया जा सकता है

देखा जा सकता है सूर्यास्त

और सूर्योदय के आरपार
पहाड़ का मस्तक फाड़कर
लाया जा सकता है नदी को
समूचा उठाकर
ठीक अपने जबड़ों की प्यास के क़रीब
फिर ज़रा रुककर
उसने कुछ सोचा
जैसे उसके कान
उस महीन-सी चीख़ को
पकड़ने की कोशिश कर रहे हों
जो हवा में उठ रही थी
फिर उसी तरह उन नरम-नरम रोंओं में
अपने नखों को फिराता रहा
और उस मुलायम-सी देह को
इस तरह सहलाता रहा
जैसे उसकी जीभ
उस अद्भुत कोमलता का
स्वाद ले रही हो।

— बारह

सवेरे-सवेरे
एक बच्चा रो रहा था
उसके हाथ से गिरकर
अचानक टूट गया था
उसका मिट्टी का बाघ
एक छोटा-सा सुंदर बाघ
जो तारों से लड़ चुका था
जो लड़ चुका था चाँद और सूरज
और समुद्री डाकुओं से
ठीक उसकी आँखों के आगे
उसके हाथ से गिरा
और खट् से टूट गया

और अब वह रो रहा था
क्योंकि अब वह हैरान था
कि दुनिया की सब से ताक़तवर चीज़
कितनी आसानी से गिरी
और टूट गयी

सुनहली धूप में
उसकी आँसू-भरी आँखें
अब भी टिकी थीं
अपने गिरे हुए बाघ पर
कि अचानक उसे लगा।

कि बाघ ज़रा हिला
अपने टुकड़ों के भीतर से तिलमिलाता हुआ उठा
और देखते-देखते
छलाँग लगा खिड़की से
चला गया बाहर

अब क्या किया जाय
मैं सोच ही रहा था
कि मुझे सड़क पर दिख गए
कवि त्रिलोचन

मैंने कहा —'शास्त्री जी'
बच्चा रो रहा है
कुछ तो करना होगा'

बोले —‘चलो, ले आते हैं
दूसरा बाघ’
मैंने कहा —‘नहीं, वह ज़िद पर अड़ा है
उसे चाहिए वही
और सिर्फ़ वही बाघ
जोकि टूटने से पहले वह था’

वे हिले
फिर उनकी आँखों में आ गई
एक अद्भुत चमक
बोले —‘चलो, वही लाते हैं’

मैंने पूछा —‘वही !
वही कहाँ मिलेगा ?’
‘मिलेगा’ — उन्होंने कहा —
‘कहीं न कहीं
किसी कुम्हार की आँखों में
होगा ज़रूर
जस का तस’

मैंने शक नहीं किया

हो लिया उनके साथ

तब से कितना समय बीता

हम अब भी चल रहे हैं

आगे-आगे कवि त्रिलोचन

पीछे-पीछे मैं

एक ऐसे बाघ की तलाश में

जो एक सुबह धरती पर गिरकर

टूट जाने से पहले

वह था।

— तेरह

वे चली जा रही थीं
स्वाद और नींद से लदी बैलगाड़ियाँ
और बाघ उन्हें देख रहा था
वह नहीं जो मुझे एक दिन मिला था
किसी कवि की कविता में
बल्कि एक ज़िंदा और सुच्चा बाघ
वहाँ चुपचाप खड़ा था
और देख रहा था
जाती हुई बैलगाड़ियों को

वह उन्हें पहले भी देख चुका था कई बार
वे हमेशा इसी तरह जाती थीं
बस्ती से शहर की ओर
कुछ-न-कुछ ढोती हुई
और अपने हिस्से की ज़मीन
लगातार-लगातार खोती हुई बैलगाड़ियाँ

इस बार जाती हुई बैलगाड़ियों से
उसे हो गया प्यार

उसे अच्छे लगे गोल-गोल
घूमते हुए पहिये
उसे साँस की तरह लगी
वह धीमी-धीमी गति
जोकि पहियों से झर रही थी

वह खड़ा-खड़ा
एकटक देखता रहा
जाती हुई बैलगाड़ियों को
'मुझे कुछ करना चाहिए
कुछ करना चाहिए' —
वह सोचता रहा बार-बार
जबकि उसके देखते-देखते
एक अनंत ढलान से लुढ़कती हुई
ढचर-ढचर चली जा रही थीं
बैलगाड़ियाँ

वे चली जा रही थीं
पेड़ों की खोखल

और नदियों के दाढ़ में

पानी की चमक

और सारसों की साँय-साँय में

चली जा रही थीं वे...

— चौदह

आज धुआँ नहीं उठ रहा था
पूरब या पच्छिम
कहीं से भी
शाम हो रही थी
और बाघ हैरान-परेशान
कि क्या हुआ क्या हुआ
क्यों नहीं उठ रहा धुआँ

उसे पता था
कि जिधर से भी उठता है धुआँ
उधर होती है बस्ती
उधर रँभाती है गायें
उधर होते हैं गरम-गरम घर
उधर से आती है आदमी के होने की गंध

आज पहली बार
उसे धुआँ के न उठने से
बस्ती के न होने का शक हो रहा था

जाने कैसा-कैसा

लग रहा था बाघ को

न बैठे रहने का मन

न छलाँग मारने की हुमस

सब कुछ था

पेड़ों पर पत्ते

नदी में पानी

हिरनों में गोश्त

सब कुछ था

सिर्फ़ धुआँ नहीं उठ रहा था।

— पंद्रह

एक रात जब भयानक ठंड थी
बाघ ने देखी
कहीं जलती हुई आग

आग एक घर के
अंदर जल रही थी
और झाड़ियों से घिरा वह घर
एक बँगला था जहाँ से आ रही थी
किसी परिचित लकड़ी के
जलने की गंध

वह गंध बाघ को
सगोतिया की तरह लगी

किवाड़ों की फाँक से
उसने सब से पहले देखा बच्चों को
जो आधी नींद में थे
आधे जगे हुए

पुरुष कहीं ओट में बैठा था
पर स्त्री का चेहरा साफ़ दिख रहा था
जो लपट के आगे
और अधिक स्त्री का चेहरा लग रहा था

वे सब आग को
घेर कर बैठे थे

घर के अंदर का वह सारा दृश्य
बाघ को अद्भुत लगा
उसे रहस्यमय लगीं वे धीमी-धीमी ध्वनियाँ
जो आग की लपटों से
छनकर आ रही थीं
बाघ को पहली बार
अपनी देह से उठती दुर्गंध से
डर लगा

मैं मार डाला जाऊँगा
मार डाला जाऊँगा — सोचता रहा वह

पर जैसे आग के जादू ने
उसके अंदर के डर को
एक अभय में बदल दिया था
कि अचानक उसने देखी एक मरे हुए बाघ की
लंबी देह
जो दीवार पर झूल रहा थी

बाघ ने पहली बार
चिल्लाना चाहा
पर चिल्लाना उसे आता नहीं था
फिर भी कहीं अंदर जैसे चिल्ला रहा था वह
कि वो देखो ... वो देखो
वो जो वहाँ टँगी है दीवार पर
वह मेरी — हाँ, हाँ
वह मेरी देह है !

— सोलह

हवा का
एक सुगंधभरा झोंका आया
और बाघ जोकि उस समय कहीं पिंजड़े में था
ज़रा सिहरा
शायद जंगल में आम पक रहे हैं
उसने सोचा

फिर बदन ज़रा ढीला किया
नासा-पुटों को थोड़ा फैलाया
और एक ज़ोर की साँस ली
पृथ्वी-भर लंबी
और हो गया
चित्त !

सत्रह

आम तौर पर गरिमा
एक शब्द से ज़्यादा कुछ नहीं होती
पर वहाँ वह एक आग थी
एक भयानक संतुलन
एक असह्य दुर्गंध
जो उसके पूरे शरीर से उठ रही थी

और वह अपनी परिधि के
सैकड़ों चक्कर लगा चुकने के बाद
अब मानो अपने ही वजूद की व्यर्थता से थककर
अपने उसी सीख़चे का टेक लिए खड़ा था
जिसमें वह बंद था
और अपनी लंबी खुरदुरी जीभ से
अपने पुट्ठों का नमक
बार-बार चाट रहा था

इस क्रिया में
वह इतना अकेला था
और फिर भी इतना तल्लीन

कि उस समय

मुझे आदमी से अलग नहीं लगा वह।

अठारह

उन्हें डर है कि एक दिन
नष्ट हो जाएँगे सारे-के-सारे बाघ
कि एक दिन ऐसा आएगा
जब कोई दिन नहीं होगा
और पृथ्वी के सारे-के सारे बाघ
धरे रह जाएँगे
बच्चों की किताबों में

मुझे भी डर है
पर मुझे एक और भी डर है
बाघ से भी ज़्यादा चमकता हुआ डर
कि हाथ कहाँ होंगे
आँखें कहाँ होंगी जो पढ़ेंगी किताबें
प्रेस कहाँ होंगे जो उन्हें छापेंगे
शहर कहाँ होंगे
जहाँ ढलेंगे टाइप
पन्ना कहाँ होगा जिस पर 'क' के बाद
कहीं से उछलता-कूदता
आ जाएगा 'ल' या 'श'
जिसे हवा सुनेगी

और अपनी स्मृति गढ़ लेगी
एक पूरा-का-पूरा शब्द
जिसे पत्ते दुहराएँगे
और जो पृथ्वी के किन्हीं अदृश्य तारों से
होता हुआ
किसी सुदूर अस्पताल की खिड़की के नीचे
एक मरते हुए आदमी के होठों तक पहुँचकर
चुपके से बन जाएगा
एक छोट-सा मीठा-सा
जीने का गीत

मुझे डर है
एक बेहद सीधा
और सादा-सा डर
कि डर कहाँ होगी ?

— उन्नीस

जब सूरज डूब रहा था
एक आदमी खड़ा था शहर की सब से ऊँची
मीनार पर
और चिल्ला रहा था —
दोस्तो, यह सदी बीत रही है
बीत रहे हैं सारे पहाड़ और नदियाँ
और हाबड़ा का पुल
और हवाई जहाज़ के डैने
और बुनते हुए हाथ
और चलते हुए पैर
सब बीत रहे हैं
पर दोस्तो, हमें जीना होगा
जीना होगा बाघ के साथ
और बाघ के बिना भी जीना होगा

जीना होगा
जैसे पानी जीता है
जैसे पत्थर जीता है
जीना होगा

जीना होगा
रस्सी से झूलकर
बधस्थल से लौटकर
जीना होगा

समय
चाहे जितना कम हो
स्थान
चाहे उस से भी कम
चाहे शहर में बची हो
बस उतनी-सी हवा
जितनी एक साइकिल में होती है
पर जीना होगा

जीना होगा
और यहीं
यहीं
इसी शहर में जीना होगा

इंच-इंच जीना होगा
चप्पा-चप्पा जीना होगा
और जैसे भी हो
यहाँ से वहाँ तक
समूचा जीना होगा

वह आदमी उस शहर में
जिस सब से ऊँची मीनार पर खड़ा था
वह असल में कहीं थी ही नहीं।

— बीस

और अगले दिन शहर में
फिर आ गया बाघ
इस बार दिन दहाड़े
एक सुंदर
आग की तरह लपलपाता हुआ बाघ
न कहीं डर न भय
सुंदर बाघ एक चलता-फिरता जादू था
जिसने सब को बाँध रखा था

वह लगातार चल रहा था
और चूँकि वह चल रहा था
इसलिए सुंदर था
और चूँकि वह सुंदर था इसलिए कहीं कोई डर था न भय

प्रार्थना में बाघ था
बच्चे स्कूल में पढ़ रहे थे बाघ
लोग आरम से बाघ खा रहे थे
बाघ पी रहे थे
माचिस के अंदर

चाय की प्याली में
टी.वी. के स्क्रीन पर चल रहा था बाघ

किसी न देखी
सिर्फ़ उसकी आँखें
किसी ने धारियाँ
किसी को दिख गए पूरे जबड़े
किसी को हिलते हुए मांसल पुट्ठे

पूरा बाघ किसी ने नहीं देखा
पर मानो सब कृतज्ञ थे
उस महान सूर्य के
कि दिन दहाड़े
जब सब लगे थे अपने-अपने काम में
तो सब को थोड़ा-थोड़ा
दिख गया बाघ !

— इक्कीस

मित्रो,

इस तरह ऋतु-चक्र पूरा हुआ
और चक्र में
सिर्फ़ एक गति होती है
जो चलती ही रहती है निरंतर
चक्र के चक्र होने के विरुद्ध

अब इसमें बाघ आ गया
तो आ गाय
उसका मैं कुछ नहीं कर सकता था
सिवा गोली मार देने के
और वह मुझे मंज़ूर नहीं था

क्योंकि उसका आना एक सूचना है
कि हवा अभी है
और पानी कहीं उसी तरह
बह रहा है

पर मित्रो, बाघ ही तो है
कहते हैं सदियों पहले
वह एक शाम आ गया था
वैयाकरण पाणिनि की भाषा की कुटी में

कोई टटका सूत्र
किसी पुरातन भोजपत्र की गंध से
उलझ गया था
जिसे सुलझाते हुए बैठे थे वे
कि बाहर सुनाई पड़ी
गुर्राने की आवाज़

वैयाकरण ऋषि के लिए
यह एक बिलकुल नई समस्या थी
क्योंकि उनकी स्मृति में जितने भी सूत्र थे
उनमें से किसी में वह आवाज़
अँटती ही नहीं थी

सो वे बाहर निकले
और बाघ की ओर उँगली उठाते हुए कहा
अशुद्ध !
एकदम अशुद्ध बोलते हो !

इसके बाद क्या हुआ
जनश्रुति यहाँ चुप है
पर उसमें एक बड़ा-सा छेद है
जहाँ से एक तेज़ गुर्राहट के
भाषा की उस कुटी में धीरे-धीरे डूबने की आवाज़
देर तक सुनाई पड़ती है...

अंत में मित्रो,
इतना ही कहूँगा
कि अंत महज़ एक मुहाविरा है
जिसे शब्द हमेशा
अपने विस्फोट में उड़ा देते हैं
और बच रहता है हर बार

वही एक कच्चा-सा
आदिम मिट्टी-जैसा ताज़ा आरंभ
जहाँ से हर चीज़
फिर से शुरू हो सकती है
फिर से खड़िया
ककहरा फिर से
फिर से गिनती सौ से शून्य की तरफ़
सूर्यास्त से धूपघड़ी की तरफ़
समय फिर से

यह 'फिर' भी
फिर से ।

호랑이 그리고 다른 시들

께다르나트 싱 시선집

초판 인쇄	2019년 2월 21일
초판 발행	2019년 2월 28일
지은이	께다르나트 싱
옮긴이	김우조
발행인	김인철
총괄·기획	가정준 Director, University Knowledge Press
편집장	신선호 Executive Knowledge Contents Creator
도서편집	박현정 Contents Creator
전자책편집	인은주 e-Contents Creator
재무관리	강현주 Managing Creator
사전·출판	정준희 Contents Creator
마케팅 파트장	백승이 Chief Marketing Creator
마케팅	이현진 Marketing Creator
발행처	한국외국어대학교 지식출판콘텐츠원 02450 서울특별시 동대문구 이문로 107 전화 02)2173-2493~7 팩스 02)2173-3363 홈페이지 http://press.hufs.ac.kr 전자우편 press@hufs.ac.kr 출판등록 제6-6호(1969. 4. 30)
디자인·편집	(주)피플커뮤니케이션 02)733-9008
인쇄·제본	(주)피플커뮤니케이션 02)733-9008

ISBN 979-11-5901-453-6 03830　　정가 18,000원

*잘못된 책은 교환하여 드립니다.

HU:NE 은 한국외국어대학교 지식출판원의 어학도서, 사회과학도서, 지역학 도서 Sub Brand이다. 한국외대의 영문명인 HUFS, 현명한 국제전문가 양성(International +Intelligent)의 의미를 담고 있으며, 휴인(携引)의 뜻인 '이끌다, 끌고 나가다'라는 의미처럼 출판계를 이끄는 리더로서, 혁신의 이미지를 담고 있다.